Inhaltsverzeichnis

Vorwort	Seite 2
Checkliste	Seite 3
Informationen und Hinweise zur Checkliste	Seite 4
Wo finde ich was?	Seite 18
Ökologisch reisen	Seite 19
Musterbriefe	Seite 21
Tips und Hilfen: Schulfest	Seite 25
Spenden-Bittbriefe	Seite 26
Geschäftsbriefe schreiben	Seite 27
Steckbriefe	Seite 29
Hausordnung	Seite 31
Merkblätter zum Schullandheimaufenthalt (auch in türkischer Sprache)	Seite 35
Teilnehmerliste	Seite 41
Projekt Klassenbuch	Seite 42
Projekt Fahrtenbuch	Seite 44
Projekt Freundschaft	Seite 47
Andere Projekte	Seite 51
Rezepte	Seite 56
Rateaufgaben	Seite 59
Spiele	Seite 61
Das Unterwegs-Lied	Seite 70
Schulfahrtendienst international	Seite 71
Erste Hilfe	Seite 72
Was gehört in eine Reiseapotheke?	Seite 73
Rechtshilfe *freier Ausgang* und *Sexualität*	Seite 74
Fragebogen zum Schullandheimaufenthalt	Seite 76
Abrechnung	Seite 77
Literatur	Seite 79

„Lehrer müßte man sein....!"

„Was, Ihr habt schon wieder Ferien? Erst neulich jeden Tag hitzefrei, dann die Herbstferien und jetzt fahrt Ihr noch ins Schullandheim? Wann arbeitet Ihr eigentlich mal was?"

Man kann die Stimmen durchaus in den Ohren dröhnen hören, und man kann die Vorurteile gegen uns Lehrer auch manchmal nachempfinden:
Sichere Stelle, gutes Einkommen, viele Ferien - und wenn wir uns umsehen in den Bereichen, in denen Freizeit gelebt wird, in den Vereinen, in den kommunalen Parlamenten, auf den Tennisplätzen, bei den Kulturveranstaltungen - immer wieder stoßen wir auf unseresgleichen. Überproportional.
Wir haben es uns in den letzten Jahren angewöhnt, auf Anmache dieser Art differenziert zu reagieren. Nach der Jammerphase (*„Setz Du Dich mal freitags in der 6. Stunde in die 9. Klasse und mach bei denen Geschichte"*) kam die Trotzphase (*„Stimmt, uns geht es prächtig. Haufen Geld, viel Ferien, keine Sorge um den Arbeitsplatz. Hättste Dich halt auf den Hosenboden gesetzt und wärste auch Lehrer geworden!"*) und inzwischen neigen wir dazu, die Diskussion abzukürzen:
„Es gibt bei uns solche und solche. Wie in allen Berufen. Die einen arbeiten mehr, die anderen machen sich das Leben leichter."

Mit dieser Mappe wollen wir beides erreichen:
Einerseits arbeiten Sie mehr (indem Sie überhaupt einen Schullandheimaufenthalt oder eine Gruppenfahrt organisieren - und dies möglicherweise auch noch so anspruchsvoll und aufwendig, wie es in dieser Materialsammlung empfohlen wird) - zum andern arbeiten Sie weniger, weil wir Ihnen mit dieser Mappe eine ganze Menge Arbeit abnehmen:
Vor einigen Wochen - kurz vor der Neuausgabe dieser Materialsammlung - rief uns Tina aus Bühl an:
„Ich wollte Euch nur sagen, daß ich gerade einen Schullandheimaufenthalt hinter mir habe - mit Eurer Mappe. Ich habe alles genauso gemacht, wie Ihr es darin vorgeschlagen habt - einschließlich Partnerklasse vor Ort und allem. Und es hat alles prima geklappt. Ganz toll."

Das ist also der Sinn dieser Materialsammlung: Ihnen die notwendigen Tips zu geben und gleichzeitig möglichst viel Zeit zu ersparen.

Ein weiteres Ziel der Materialsammlungen im AOL-Verlag ist der Anspruch, **mit allen Sinnen** zu lernen.
Sich selbständig im Haus und seiner Umgebung orientieren. Lieder singen, spielen, einmal selbst kochen, mit Kopf, Herz, Hand und Fuß leben und arbeiten - immer haben wir uns darum bemüht, den Schüler/die Schülerin mit allen Sinnen zu fördern.

Gleichzeitig wollen wir den Umstand berücksichtigen, daß wir in den letzten 30 Jahren ein **Einwanderungsland** geworden sind. Die Bevölkerungsgruppen, die mit unserer Art der Aufenthalte die größten Probleme haben, sind die Türken und Kurden. Wir haben daher die wichtigsten Merk- und Informationsblätter für die Eltern auch in türkisch aufgenommen.

Wie auch immer wir mit dem Problem Gewalt und Ausländerfeindlichkeit umgehen wollen - daß es zu den sinnvollsten Aufgaben gehört, mit Schülern unterschiedlicher Nationalitäten gemeinsame Aufenthalte zu planen - das ist unbestritten.

Die hier vorliegende Ausgabe wurde im Schuljahr 93/94 in der 11. Auflage völlig neu überarbeitet - in einer Zeit, in der die Wiedervereinigung uns auf vielfältige Weise bereicherte und belastete, in der die Bildungsausgaben drastisch gestrichen und die Grenzen des Sozialstaats wieder einmal deutlich gemacht wurden - wie immer auch hier wieder gern zu Lasten der Schule. Lassen wir uns davon nicht entmutigen:
Wir Lehrer/innen und Erzieher/innen wissen, wie wichtig unsere Arbeit im schulischen und außerschulischen Bereich gerade in wirtschaftlich und sozial schwierigen Zeiten ist. Dann werden Schullandheimaufenthalte und Gruppenfahrten Inseln im Alltag, die uns allen erlauben, wieder einmal Mensch zu sein (und zu werden):
Mit all unseren Schwächen und Vorzügen. Der Ausstieg aus dem Alltagstrott öffnet uns die Augen für die Besonderheiten derjenigen, die uns in wichtigen Lebensabschnitten anvertraut sind.

Bei sich immer schneller ändernden Sozialisationsstrukturen, der Zunahme Alleinerziehender, fehlender Väter, der Explosion nur noch konsumierter Kommunikation (Kabel/Schüssel) bietet der Schullandheimaufenthalt die seltene Möglichkeit für Schüler und Lehrer, elementare Funktionen der Sozialisation: Rücksichtnahme, Vorbildfunktion, Rollenspiel, Diskurs, Freiheit des anderen (und der eigenen Person) oft zum ersten Mal auszuloten und sich damit auseinanderzusetzen.

Schullandheimaufenthalte, wenn Sie gut vorbereitet, organisatorisch ordentlich begleitet und pädagogisch nachbereitet werden, sind für Schüler und Lehrer eminent wichtige Sozialisationsprozesse.
Halten Sie sich dies immer vor Augen (und lassen Sie sich andererseits nicht davon niederdrücken).
Leisten Sie sich Spontaneität und Kompetenz, Freiheit und Grenzen. Seien Sie Vorbild, und bleiben Sie menschlich (meine Frau schaut mir über die Schulter, liest mit und meint: *„Frohmut, Frohmut, laber, laber!"*)

Recht hat sie. Ich auch. Wir beide.

In diesem Sinne:
Nutzen Sie das, was Sie hier in dieser Mappe finden.
Ändern Sie das, was Ihnen nicht zusagt.
Schreiben Sie uns, was Ihnen gefällt (und was Ihnen nicht gefällt).

Hertha und Frohmut Menze

Übrigens:
Testen Sie doch auch einmal das Angebot von sogenannten Schulfahrtendiensten. Auf Seite 71 stellen wir Ihnen ein paar Beispiele des **Schulfahrtendienst International** vor. Diese Fahrten werden professionell vorbereitet und durchgeführt (auch in den neuen Bundesländern) und können Sie durchaus entlasten.

Checkliste für Lehrer/innen & Gruppenleiter/innen

Wenn Sie die ganze Mappe einmal überflogen haben, dann nehmen Sie sich diese Liste vor und haken Sie gleich alles ab, was Ihnen überflüssig erscheint. Den Rest haken Sie dann ab, wenn Sie ihn erledigt haben. Auf diese Weise denken Sie an alles und können ruhig schlafen (eine der wichtigsten Voraussetzungen vor einem gelungenen Aufenthalt). Viel Spaß - und gute Nacht!
Die Wochenanzahl gibt immer an, wie viele Wochen vor der Abfahrt Sie den Vorgang erledigt haben sollten.

Nr.	Vorgang	Wochenzahl	Abhaken
1	Jugendherbergsverband/Schullandheimverband/Alternative Heime/ Naturfreunde usw. anschreiben	80	○
2	Kalkulation alternativ vorbereiten: Schulfest • Bazare • Vertrieb von Werkprodukten	75	○
3	Vorbesprechungen mit der Klasse	75	○
4	Beginn der Suche nach einer Begleitperson	75	○
5	Elternabend 1 - anschließend Beginn des Zwecksparens in der Klasse	70	○
6	Elternbesuche 1	70	○
7	Anschreiben einzelner Heime	70	○
8	Mit der Klasse wird der genaue Aufenthaltsort festgelegt	65	○
9	Anmeldung des Aufenthalts beim Schulleiter/Schulamt/Regierungspräsidium	60	○
10	Anmeldung/Antrag auf Zuschuß bei der Gemeinde	60	○
11	Besuch beim Jugend- und Sozialamt	50	○
12	Anschreiben von Bus- und Bahnunternehmen mit der Bitte um einen Kostenvoranschlag	50	○
13	Bettelbriefe an Firmen/Banken/Persönlichkeiten	30	○
14	Schulfest/Bazar/Verkaufsstand durchführen	25	○
15	Schülerbriefe an: Parallelklasse, an Gemeinde- und Kurverwaltung, Betriebe am Schul- und Aufenthaltsort	25	○
16	Anschreiben von Medienverleihstellen	20	○
17	Elternbesuche 2	15	○
18	Spielebücher zusammenstellen	15	○
19	Videoanlagen (PHs, Fernsehen, Fachgeschäfte) und/oder Filmgerät (Bildstellen) vorbestellen	10	○
20	Entwurf einer Hausordnung mit der Klasse	5	○
21	Elternabend 2 mit konkreten Beschlüssen: Fahrtenbuch bestellen	3	○
22	Elternbesuche 3, Folgebesuche beim Sozialamt usw.	3	○
23	Merkblätter für die Eltern erstellen	1	○
24	Schülerlisten/Zimmeraufteilung	1	○
25	Besuch beim Hausarzt/Apotheke (Ärztemuster)	1	○
26	Checkliste für Geräte (Abzugsapparat, Fotoapparat, Filmvorführgerät usw.)	1	○
27	Fahrt zum Schullandheim	0	○
28	Verbesserung der Hausordnung, Verhaltensregeln	0	○
29	Der Start ins Berichtsheft/Fahrtenbuch	0	○
30	Briefe an die Eltern/Großeltern	0	○
31	Telefonsprechstunde	- 1	○
32	Projekte im Schullandheim	- 1	○
33	„Klassenbuch" zum Schullandheim zusammenstellen (daheim)	- 3	○
34	„Nachbereitung" daheim	- 5	○

Informationen/Checkliste

Hinweis:

Bitte lassen Sie sich von den nachfolgenden Hinweisen nicht irritieren. Sie sind zum Teil Ausdruck des bei Lehrer/innen vorkommenden Perfektionswahns - gebrauchen Sie also Ihren gesunden Pädagogenverstand, und gehen Sie am besten so vor, daß Sie sich einen Marker nehmen und alles einmal durchlesen. Das, was Sie für Ihren Aufenthalt für wichtig halten, markieren Sie - den Rest vergessen Sie.
Die Reihenfolge ist **zeitlich** geordnet - also nicht nach Dringlichkeit oder pädagogischem Gewicht.

Wir haben Ihnen - mit dem Kauf dieser Materialsammlung - kostenlos unser HosenTaschenBuch **Mein Fahrtenbuch** (Bestellnummer A370) beigelegt. Bitte entscheiden Sie sich frühzeitig, ob Sie dieses Büchlein, das auch einen vorbereiteten Schülerausweis enthält, jedem Schüler zur Verfügung stellen wollen. Sie finden auf den Seiten 44-46 in dieser Materialsammlung Hinweise für die Arbeit mit dem Fahrtenbuch. Wenn Sie es einsetzen, ersparen Sie sich einen Teil der Kopien, die Sie sonst machen müßten und gewinnen zugleich einen Organisationshelfer (Küchendienst, An- und Abmeldung, Tagebuch, Spiele, Rallyes, Schülerausweis) und ein wertvolles individuelles Erinnerungsbuch. Dies sollten auch Argumente für Ihre/n Schulleiter/in sein, die Bücher auf Schul-Etat-Kosten anzuschaffen.

Und jetzt zu unserer Checkliste im einzelnen:

1. Auf der Suche nach dem richtigen Heim:

Wo gibt es welche Heime? Was bieten sie, und was kosten sie? - Das sind die Fragen, die Sie zuerst klären müssen. Einen ersten groben Überblick erhalten Sie, wenn Sie bei folgenden „Zentralkarteien" nachfragen (erkundigen Sie sich aber auch nach aktuellen Angeboten, da nach der Wiedervereinigung zum Teil Aufenthalte im jeweils anderen Teil Deutschlands bezuschußt wurden und werden. Befragen Sie in dieser Angelegenheit ruhig Ihren Bundestagsabgeordneten - auch wenn er nicht Ihrer Partei angehört):

Deutsches Jugendherbergswerk,
Postfach 1455, 32754 Detmold, Telefon (05231) 74 01 0. Das aktuelle Verzeichnis gibt es auch in allen Jugendherbergen.

Verband Deutscher Schullandheime,
Mendelssohnstr. 86, 22761 Hamburg, Telefon (040) 890 15 41. Wenn Sie den Verband anschreiben, bestellen Sie auch gleich das dicke Buch „Pädagogik im Schullandheim". Und da Sie schon einmal dabei sind, abonnieren Sie am besten auch gleich die Vierteljahreszeitschrift „Das Schullandheim" auf Schulkosten (kostet nicht viel und bietet eine Unmenge an Informationen, die man auch im „normalen" Schulalltag und bei Projektwochen gebrauchen kann).

Die Naturfreunde,
Großglockner Straße 28, 70327 Stuttgart, Tel. (0711) 337687-8.

6 000 Gruppenunterkünfte in Ost und West:
Jugendgästehäuser, -bildungsstätten, -erholungsstätten, Übernachtungshäuser und Jugendzeltplätze in Schlössern, Burgen, historischen Gebäuden und normalen Bauten hat Gerd Grützmacher in seiner Vademecum-Redaktion zusammengestellt und mit mehreren Übersichtskarten versehen (Bestellnummer V109 im AOL-Verlag). Das umfassendste und aktuellste Verzeichnis.

Und was, bei entsprechendem Engagement der Lehrer/innen, Eltern, Schulrät/innen, Behörden usw. noch möglich ist, hier in Stichworten:
Teilnahme an nationalen und internationalen **workcamps**, gemeinsame **Sprachkurse** im Ausland, ganz- oder halborganisierte Fix- und Fertig-Reisen mit ausgearbeiteten Programmen, Wanderringe, **Reit-** und **(Segel-)Bootsferien** bis hin zum **Segelfliegen** (letzteres organisiert beispielsweise das Jugendherbergswerk). Und dann gibt es noch die feine Einrichtung des **Jugendwaldeinsatzes**. Das sieht so aus: die Schülerinnen und Schüler stellen ca. 5 Stunden pro Tag ihre Arbeitskraft für leichtere Waldarbeit zur Verfügung (in der Regel 10er Gruppen unter Anleitung fachkundiger Waldarbeiter). Da werden Schonungen angelegt, Waldputzeten durchgeführt, auch mal ein Ökotop, ein Grillplatz oder ein Waldweg gebaut. Beim „Landesverband Niedersachsen der Schutzgemeinschaft Deutscher Wald" bekommen Sie die Loseblattsammlung „Schulen im Jugendwaldheim", mit dessen Hilfe Sie einen solchen Einsatz ausgezeichnet vorbereiten können (Bezug: Schutzgemeinschaft Deutscher Wald, Prinzenstr. 17 in 30159 Hannover Tel.: (0511) 36 35 90). Dort erhalten Sie auch die Anschriften der 10 niedersächsischen Jugendwaldheime.

Auch in Baden-Württemberg gibt es solche Einrichtungen, die zum Teil in mittelalterlichen, komfortablen Burgen untergebracht sind: Informationen erhalten Sie hier über das Ministerium für Kultus und Sport, Neues Schloß, Schloßplatz 4, 70173 Stuttgart Telefon (0711) 2 79-0.

Und: Aufenthalt und Verpflegung sind in den Jugendwaldheimen frei, da die Kosten mit den Arbeitsleistungen der Schüler verrechnet weden. Es fallen also nur die Fahrtkosten an, die möglicherweise mit den Zuschüssen der Gemeinde (sofern Ihre Gemeinde in diesen Zeiten noch Zuschüsse gibt) gerade aufgehen. Für schmale Klassenkassen, Biologielehrer und nicht erschütterbare Idealisten unter uns ideal.

2. Was kostet das alles eigentlich?

Gerade in den Haupt- und Sonderschulklassen spielen die voraussichtlichen Kosten immer noch (und vielleicht auch: schon wieder) eine große Rolle.

Deswegen sollten Sie auf dem ersten Elternabend schon eine grobe Kalkulation vorlegen können, die ungefähr so aussehen kann:

- **Fahrtkosten** 120,- DM
  (Bus hin und zurück)
- **Übernachtung, Essen** 280,- DM
  (3mal) 10 Tage
- **Fahrten** 60,- DM
  während des Aufenthalts
- **Taschengeld** 80,- DM
  (einheitlich für alle)
- **Zusatzkosten** 40,- DM
  (Telefon, Andenken)

  Gesamtkosten: 580,- DM

Hiervon gehen dann die Zuschüsse der Gemeinde und des Landes ab (unterschiedlich, in der Tendenz gegen Null gehend).

Was bleibt:
Das Zwecksparen (von Anfang an pro Schüler und Monat 20 DM in die Klassenkasse), Geburtstagsgeschenke in Form von Bargeld, die Durchführung von Schulfesten, deren Erlös dann zum Teil für den Aufenthalt verwendet werden kann (hierzu gibt's auf Seite 25 ein Extra-Informationsblatt), die Teilnahme mit einem Klassen-Flohmarkt an schulischen oder Großgemeinde-Bazaren, mit einem Projekt, das vielleicht sogar einmal Geld einbringen kann - siehe zum Beispiel den Bericht von Strecker/Wenz: „Rettung eines Feuchtgebiets" im „Handbuch zum Schulalltag" (AOL-Verlag Bestell-Nr. A081) oder mit dem Verkauf von Produkten aus dem Werk-, Kunst- und Technikunterricht (Holzspiele, Kinderkleider, bedruckte Luftballons oder T-Shirts, Tandems usw.). Wenn Sie das im großen Stil organisieren, finden Sie vielleicht Geschäfte, mit denen Sie kooperieren und die sich zugunsten Ihrer Klassenkasse mit einer Pseudo-Gewinnspanne zufrieden geben.

Schließlich besteht in all den Fällen, in denen staatliche Stellen Beihilfen zum Lebensunterhalt geben (Sozial- und Jugendamt, BVG, Bafög, Witwen- und Waisenrente usw.) in der Regel die Möglichkeit, die Kosten für den geplanten Aufenthalt ganz oder teilweise erstattet zu bekommen (siehe dazu auch unter Punkt 10).
Weitere Einspar- und Zuschußmöglichkeiten finden Sie unter den Punkten 13 und 14.

3. Vorbesprechung mit der Klasse

Wenn Sie konkrete Finanzierungsvorschläge und Kalkulationen haben, sollten Sie gemeinsam mit der Klasse die Grundfragen abklären:
Soll der Aufenthalt in der Nähe oder weiter weg stattfinden, am Meer oder in den Bergen, soll man selbst kochen oder „Vollpension" buchen, will man während des Aufenthaltes ein Projekt durchführen oder „nur" die Gegend kennenlernen - oder soll der gesamte Aufenthalt unter dem Blickwinkel *das andere Deutschland kennenlernen* stehen?

Was Sie außerdem noch besprechen müssen: Wer soll als Begleitperson mit? Vielleicht wünschen sich Ihre Schüler gerade die Kollegin/den Kollegen, auf die/den Sie auch schon ein Auge geworfen haben.

Und: machen Sie den Schülern klar, daß erstens alle Vorbereitungen gemeinsam getroffen werden müssen (also zum Beispiel bestimmte Anfragen, das Kuvertieren usw.) und daß auf jeden Fall alle Schüler mitfahren müssen (und Sie bei finanziellen Problemen Rat und Hilfe anbieten).

Allerdings: Immer wieder haben gerade türkische Eltern Schwierigkeiten damit, ihre Töchter mit ins Schullandheim fahren zu lassen. Zum einen mag das am Rande auch an der mangelhaften Vorinformation durch den Lehrer liegen - wir haben deshalb die wichtigsten Merkblätter und Anschreiben auch auf türkisch abgedruckt - siehe die Schreiben auf den Seiten 22, 37, 38, 40 und 79. Darüber hinaus empfiehlt es sich, Hausbesuche zu machen zu Zeiten, in denen der Vater anwesend ist - und hierzu einen erfahrenen Türken mitzunehmen, der die Probleme und Argumente kennt und ihnen begegnen kann.
Vielleicht kann auch eine ältere türkische Schwester als weibliche Begleitperson mitfahren.
Auch für die Elternabende wäre es sinnvoll, wenn Sie einen Dolmetscher dabeihaben (das kann durchaus auch ein türkischer Schüler oder eine türkische Schülerin der Schule sein, oft aber ist es wirkungsvoller, wenn ein türkischer Elternteil selbst das Dolmetschen übernehmen kann). Ändern Sie in diesem Fall die Einladungen entsprechend und weisen Sie schon in der türkischen Einladung daraufhin, daß ein Dolmetscher anwesend sein wird.
Wir beschränken uns in dieser Mappe bei fremdsprachlichem Begleitmaterial auf das Türkische, weil nach unserer Erfahrung diese Gruppe am meisten Schwierigkeiten damit hat, ihren Kindern das Mitfahren zu erlauben (bei jugoslawischen, italienischen oder spanischen Schüler/innen haben wir nie von irgendwelchen Mitfahr-Problemen gehört - und hatten selbst auch keine Probleme mit ihnen).

4. Wer fährt als Begleitperson mit?

Unterschätzen Sie die Oberschulämter nicht. Als vor Jahren ein Freiburger Kollege mit einer Kollegin während des Schullandheimaufenthaltes gemeinsam (und unverheiratet) ein Zimmer bewohnte, da konnte er noch so feine pädagogische Begründungen liefern - das Oberschulamt hat ihn entlassen und vor Gericht auch noch Recht bekommen.

Wenn Sie aber in Ihrem Kollegium keine Begleitperson finden, müssen Sie woanders suchen: Hängen Sie einen Zettel in der nächsten PH oder Uni aus, inserieren Sie in päd.extra, Pädagogik, der DLZ oder der GEW-Zeitung des jeweiligen Landesverbandes

und nehmen Sie notfalls auch eine Schülermutter oder einen Schülervater mit. Nur notfalls deswegen, weil es für das entsprechende Kind immer auch eine zusätzliche Belastung bedeutet.

Je früher Sie eine Begleitperson verpflichten können, desto besser kann diese die Klasse kennenlernen, (Ausflug, Hospitation, Projektwoche, Vorbesprechungen etc.) und desto umfassender können Sie sie in die Vorbereitung miteinbeziehen („Sagen Sie mal, mögen Sie abends lieber Rot- oder lieber Weißwein?").

5. Der erste Elternabend

Zwei Problemkreise tauchen in der Regel immer wieder auf:

a) **„Warum müssen die Kinder überhaupt an so einem Aufenthalt teilnehmen? Bei uns gab es das früher auch nicht!"** und

b) **„Das ist zu teuer!"**

Daneben gibt es noch eine Menge anderer Probleme (Ausländerkinder, Krankheiten, die ständige medikamentöse Behandlung erfordern oder - wie Bettnässen - als peinlich empfunden werden), auf die im weiteren Verlauf noch eingegangen wird.

Zuerst sollten Sie die Eltern allgemein über den „Sinn" eines solchen Schullandheimaufenthaltes informieren:

- In der Klasse gibt es Cliquen, die sich untereinander befehden. Im Schullandheim können die starren Strukturen aufgebrochen werden.

- Als Lehrer kennt man die Schüler immer nur unter einem Aspekt: als Schüler. Viele ihrer Fähigkeiten, große Teile ihrer Persönlichkeit, ihrer Hobbies usw. haben in der Schule keinen Platz. Beim Schullandheimaufenthalt kann der Lehrer seine Urteile und Vorurteile überprüfen - eigentlich immer nur zum Vorteil des Schülers.

- Die Schule von heute hat sich den Problemen des „Lebens" immer noch nicht ausreichend genähert. Jetzt haben Schüler und Lehrer Gelegenheit, einmal auszuprobieren, ob nicht doch manches von dem nützlich ist, was man in der Schule lernt.

- Dadurch, daß die Schüler auf einmal 24 Stunden am Tag zusammen sind, daß sie sich in einer anderen Umwelt behaupten müssen, all das trägt dazu bei, daß die Schüler ihre Persönlichkeit in fremden Situationen einsetzen und dadurch formen (lassen) können.

- Schließlich haben auch wir Lehrer ein Interesse daran, uns der Klasse nicht nur als Lehrer, sondern auch als Mensch zu präsentieren, in und mit der Klasse zu lernen und von dem besonderen Klima eines solchen Aufenthaltes zu profitieren. Daß wir diesen Vorteil nur mit einem erheblichen Aufwand an Nerven, Zeit und Kosten erreichen, sollte nicht unerwähnt bleiben in einer Zeit, in der den Eltern immer noch der Wunsch vor Augen steht, „im Sommer Lehrer und im Winter Maurer" zu sein.

Dies dürfte ausreichend sein, um den ersten Fragenkreis zu beantworten.

Für die Behauptung b (das ist zu teuer) hilft Ihnen vielleicht das Angebot alternativer Möglichkeiten: In der Nähe in einem Heim mit Selbstversorgung kann man schon mit den 10,- DM Monatssparbeiträgen (oder weniger) auskommen, wenn Sie wirklich - wie vorgeschlagen - 70 Wochen vor Beginn des Aufenthalts mit dem Sparen anfangen.

Bedenken Sie, daß das Schuljahr gerade 37 Unterrichtswochen hat. Wenn Sie also kürzer planen müssen, als bei uns angenommen, muß notfalls der Monatssparbeitrag erhöht werden.

Natürlich ist dies auch wieder der Idealfall, denn oft haben Sie die günstige Vorbereitungszeit nicht und müssen innerhalb eines Schuljahres alles erledigen - und sich dann auch noch nach den belegungsfreien Zeiten eines bestimmten Schullandheimes richten.

Am sinnvollsten ist es sicher, wenn Sie es mit Ihrer Klasse so einrichten können, daß Sie zum Beginn eines Schuljahres mit der Planung beginnen und den Aufenthalt zu Beginn des darauffolgenden Schuljahres durchführen können, also Ende August bis Ende September. Sollte dies nicht möglich sein, so ist das darauffolgende Frühjahr oder der Frühsommer ebenso ideal. Allerdings - je später im Schuljahr Sie fahren, desto weniger haben Sie noch davon.

Legen Sie also den Eltern realistische Kalkulationen für verschiedene Formen des Schullandheimaufenthaltes vor. Klären Sie die Versicherungsprobleme ab, diskutieren Sie das Raucher- und Alkoholproblem, und verraten Sie den Eltern, daß Sie noch mit 15 Jahren ein Maskottchen (nein, nicht das Lottchen!) im Bett hatten und vielleicht früher auch einmal Bettnässer waren (siehe dazu auch Punkt 6).

Sagen Sie den Eltern, daß sie mit allen Problemen (auch finanziellen) zu Ihnen kommen dürften, und bieten Sie - wenn Sie das zeitlich nur irgendwie ermöglichen können - generell Hausbesuche an:

6. Hausbesuche

Hausbesuche waren in meiner Junglehrerzeit noch ein Geheimtip. Und im altehrwürdigen Heckel/Seipp gehörten sie noch zu den normalen und vornehmsten Aufgaben des Lehrerberufs. Inzwischen sehen die Kultusminister das nicht mehr so gern. Davon sollten Sie sich auf keinen Fall entmutigen lassen, sondern den Spieß herumdrehen: Übergeben Sie der Schulleiterin die Adressenliste aller Eltern, und teilen Sie ihr mit, daß Sie zur Vorbereitung des Schullandheimaufenthaltes bei allen Eltern einen Hausbesuch machen müssen: das gilt dann als „Dienstgang", auf dem Sie versichert sind. Und sollte das Schulamt kein Kilome-

tergeld bezahlen, so legen Sie einen Durchschlag Ihres Antrags beim Lohnsteuerjahresausgleich bei (und lassen Sie sich die Liste vorher von Ihrer Schulleiterin bestätigen).

Nebenan finden Sie übrigens einen Vorschlag für die Ankündigung Ihrer Hausbesuche, dessen Kopie Sie natürlich auch dem Finanzamt für die Kilometergeldabrechnung und eventuell als Nachweis für Tagesgelder vorlegen können. Sie können den Vordruck natürlich auch für den Elternabend nutzen - er kann Ihnen in jedem Fall eine Kontrolle dafür sein, daß Sie bestimmte Themen mit den Eltern angesprochen und geklärt haben. Allerdings ist dafür die normale Klassenliste besser geeignet, auf der die anwesenden Eltern dann auch unterschreiben können - eine wichtige Kontrolle für Sie. Sie können dazu eine Kopie der Klassenliste auf Seite 41 verwenden bzw. die Eltern unter „Sonstiges" unterschreiben lassen.

In diesem Zusammenhang empfehlen wir auch heftig die Einführung eines sogenannten **Elternheftes**, wie wir es in allen Klassen einführen, in denen wir Klassenlehrer sind:
Jede/r Schüler/in hat ein A4-Heft, in das regelmäßig (alle zwei bis drei Wochen im Schnitt) Mitteilungen an die Eltern eingeklebt werden:
Zum Lernstoff, zu den Hausaufgaben, zum Elternabend, zu Ausflügen und Besichtigungen und zu den Ergebnissen von Klassenarbeiten, bevorstehenden Prüfungen, Einladungen zum Elternabend - und - besonders wichtig - auch eine Zusammenfassung der wichtigsten Ergebnisse, Ferienpläne, Hinweise zur Notengebung und auch schon einmal Hinweise auf wichtige Filme im Fernsehen oder kulturelle Veranstaltungen vor Ort ...
Die Eltern bestätigen durch ihre Unterschrift, daß sie den jeweiligen Brief zur Kenntnis genommen haben (sie brauchen also nicht damit einverstanden zu sein) und werden auch immer wieder dazu aufgefordert, selbst Anregungen - wie auch Beschwerden hineinzuschreiben. Das wird zwar nur sehr selten in Anspruch genommen, aber andererseits kann Ihnen dann auch niemand den Vorwurf machen, er sei nicht ausreichend informiert worden.
Vielleicht mag Ihnen das übertrieben erscheinen. Aber spätestens dann, wenn Ihre eigenen Kinder in die Schule gehen, sind Sie froh, wenn Sie von den Lehrern Ihrer Kinder entsprechend informiert werden.

☞ ☞ ☞ **der Tip:**
Damit die Elternhefte nicht durch ausgefranste Ränder der eingeklebten Zettel unansehnlich und schmuddelig werden, lassen wir für unseren Schulkopierer immer 20.000 Blatt A4 Papier von einer befreundeten Druckerei in der Länge und Breite jeweils 5 mm kürzen - unser Kopierer und der Umdrucker sind darauf eingestellt, da wir fast alle Kopien in das jeweilige Heft des Unterrichtsfaches einkleben lassen.

Zurück zu den Hausbesuchen:
Wir haben vor den geplanten Hausbesuchen also unseren Eltern dieses Brieflein ins Elternheft geklebt:

Datum

Liebe Eltern,

um mit Ihnen persönlich über Ihre Wünsche (und vielleicht auch Bedenken) im Hinblick auf unseren geplanten Schullandheimaufenthalt sprechen zu können, werde ich in den nächsten zwei bis drei Wochen einmal abends bei Ihnen vorbeischauen.

Sollten Sie gerade nicht da sein, oder sollte ich Ihnen im Moment ungelegen kommen, so macht das gar nichts, da ich ja auch mit den anderen Eltern sprechen werde und ausweichen kann.
Ich werde in diesem Fall dann an einem anderen Tag wieder vorbeischauen.

Mit freundlichem Gruß

....
(Unterschrift)

Sevgili Veliler

Plânlamış olduğumuz öğrenciyurtgezisi konusundaki arzularınız ve belki de tereddütleriniz üzerinde şahsen konuşmak için bir akşam size uğrayacağım.
Şayet siz evde yoksanız, veya uygun değilse, zararı yok, diğer velilere uğrarım.

Böyle bir durumda size başkabirgün gelirim.

Dostça Selamlar

....

Dann lassen wir uns die Kenntnisnahme dieser Mitteilung noch per Unterschrift bestätigen (und bringen am nächsten Tag wieder eine Schachtel Schokoküsse mit für alle, die die Unterschrift schon haben).

Mit einer solchen Mitteilung verhindern Sie, daß die Eltern das Wohnzimmer anheizen (denn das können sie nicht drei Wochen lang) oder sonstwie den Haushalt übermäßig auf den Kopf stellen oder sich einen Abend freinehmen, den sie anderweitig verplant hatten - und nehmen der Situation gleich auch den Charakter der Förmlichkeit.

Zurück zu den Hausbesuchen:
Die Gespräche mit den Eltern in ihrer gewohnten Umgebung sollen vor allem dazu dienen, neben den per-

sönlichen Schwierigkeiten (Finanzen, Krankheit und so weiter) die pädagogisch problematischen Fragen in Ruhe vorzuklären:

- Dürfen sich Schüler ab und zu vom Klassenverband entfernen?
- Wie halten wir es mit dem Rauchen und dem Bier?
- Was geschieht bei schwerwiegenden Disziplinverstößen (Abhauen, Klauen usw.?)

Sehr häufig nämlich äußern sich Eltern auf dem Elternabend rigider als zu Hause, weil sie gezeigte Strenge für eine Frage des Prestiges halten.

Vor allem aber haben Sie erst beim häuslichen Gespräch die Möglichkeit, die eigentlichen Hintergründe für die Reserviertheit mancher Eltern kennenzulernen: Da braucht ein Mädchen ständig Tabletten wegen der epileptischen Anfälle, da näßt ein Junge immer noch jede Nacht ein, da wird am Daumen gelutscht und eine Schlafpuppe gewiegt und und und ...

Reden Sie mit den Eltern ausführlich darüber.

Bei Bettnässern zum Beispiel sprechen wir mit den anderen Zimmerbewohnern und sagen denen, daß der Junge oder das Mädchen Blasenentzündung hat und deswegen eine Windel tragen muß, und sie sollten es diskret behandeln, denn das könne jedem mal passieren.

Erst so eine Brücke macht es manchmal einem Schüler möglich, am Schullandheimaufenthalt teilzunehmen - und oft verschwinden die Probleme nach den ersten Tagen von ganz allein. Notfalls klären Sie das aber auch mit den Herbergseltern ab und legen einen Bettnässer in ein Einzelzimmer (offizielle Begründung: schnarcht, schreit nachts im Traum, muß bei geschlossenem Fenster schlafen ...)

Und wenn Sie Ihren Schülern vorher erzählen, daß Sie noch mit 14 Jahren eine Schlafpuppe hatten, ohne die Sie nicht einschlafen konnten, dann werden Sie staunen über die Invasion von Teddybären, Schlamperpuppen, Schmusedecken und Kissen, die auf einmal anrollt.

Besondere Probleme gibt es immer noch mit den Eltern türkischer Kinder - und hier verstärkt bei den Mädchen. Für den Elternabend mit türkischen Eltern oder für Hausbesuche bei ihnen finden Sie auf den Seiten 7, 22, 35, 36, 39 und 77 türkische Vordrucke und Formulierungshilfen, deren Kopien Sie den Eltern mitgeben können.

7. Anschreiben der einzelnen Heime

Damit können Sie kaum früh genug anfangen.
Die „Renner" sind unter Umständen schon zwei Jahre vorher ausgebucht, Jugendherbergen machen ihren Jahresplan in der Regel im August des vorangehenden Jahres.
Nehmen Sie unseren Vordruck (oder schreiben Sie ihn um), lassen Sie ihn von den Schülern vervielfältigen, die Adressen draufschreiben und die Rückumschläge frankieren und adressieren. Wir hatten schon Schullandheimaufenthalte, bei denen wir über hundert Heime angeschrieben hatten ...

Noch unübersichtlich ist das Angebot in den fünf neuen Ländern. Hier bekommt man die wichtigsten Informationen auch über das DJH und den Verband Deutscher Schullandheime (die Adressen finden Sie auf Seite 4).

Vielleicht schreiben Sie auch einfach einen Leserbrief an die DLZ und bitten die Kolleginnen und Kollegen um einen Erfahrungsaustausch.

Allerdings macht sich in den letzten Jahren eher ein umgekehrter Trend bemerkbar: Jugendherbergen sind oft froh, wenn man mit Schulklassen einfällt, weil die traditionellen Wanderer aussterben und auf den Parkplätzen mehr Autos als Fahrräder zu finden sind.

Und schließlich werden wir alle nicht jünger, dafür aber im Finden von guten Gründen für die Nichtdurchführung eines Aufenthaltes immer treffsicherer.

Dazu kommt: In Zeiten schrumpfender Haushalte im Bildungsbereich sieht es mit Plätzen in den Heimen überall wieder günstiger aus. Aber auch hier gilt: Je früher Sie sich um ein Heim kümmern, desto besser ist die Auswahl. Und: Gerade bei den Jugendherbergen finden Sie immer mehr Heime, die sich auf spezielle - sehr häufig ökologische - Projekte spezialisiert haben; wenn Sie hier einsteigen wollen, kann es gar nicht früh genug sein (siehe Seite 20).

Der Trend unausgelasteter Heime kann sich aber schnell wieder umdrehen, wenn Ende der 90er Jahre die dann angeblich und hoffentlich auch auf uns zurollenden Schülermassen und die damit verbundene Junglehrerschwemme auf die Schulen treffen und wir Alten uns auf Rheuma, Arthrose und Vorruhestand zurückziehen dürfen.

8. Dorthin wollen wir!

Nach etwa 5 bis 6 Wochen sind dann die Antworten da. Unter den Zusagen müssen Sie dann möglichst rasch auswählen (wenn Sie grundlegende Zweifel an der Beschaffenheit eines Heimes haben, in das Sie eigentlich gern gehen möchten, dann empfiehlt sich zum Beispiel, bei der Gemeindeverwaltung der betreffenden Gemeinde anzurufen - oder, besser noch, bei einer Schule in der Nähe des Heimes, wobei Sie gleichzeitig bei Ihrer Parallelkollegin vorfühlen können, ob sie an einer Zusammenarbeit während Ihres Aufenthaltes interessiert wäre.

Aber: nicht gleich mit der Tür ins Haus fallen, sondern zuerst die Eignung des Heimes abfragen.

Sie haben sich auf dem Elternabend ja schon die verschiedenen Möglichkeiten grundsätzlich genehmigen lassen und entscheiden nun mit der Klasse, wo genau es hingehen soll.

Rufen Sie noch am selben Tag im Heim an und schicken Sie die schriftliche Bestätigung gleich nach, **vergessen Sie dabei auf keinen Fall den Zusatz**

„vorbehaltlich der Genehmigung durch das Oberschulamt". Und dann sollten Sie mit Großvater, Ehefrau und den Kindern baldmöglichst einen Ausflug dorthin machen und sich das Heim, die Herbergseltern und die Hausordnung ansehen. Und die Umgebung. Und bei der Kurverwaltung, der Diskothek und dem Schnellimbiß vorbeischauen. Und bei der nächstgelegenen Schule - vielleicht kann man mal den Filmraum nutzen oder einen Projekttag gemeinsam gestalten oder auch nur eine Disco in der Aula durchführen...

9. Die Anmeldung bei Instanzen, Behörden ...

Haben Sie die Bestätigung der Heimverwaltung für Ihren Aufenthalt, sollte jetzt die Anmeldung beim Schulleiter (genügt in Baden-Württemberg zum Beispiel), beim Schulamt/Regierungspräsidium, bei der Gemeinde (wegen des Zuschusses, der rechtzeitig im Haushalt erfaßt werden muß) und beim Sozial- und Jugendamt erfolgen.

10. Deutsch-Französisches Jugendwerk:

Bei den Punkten 9-11 müssen in der Regel Fristen gewahrt werden, besonders in Zeiten der sinkenden Zuschüsse. Sie werden das bei der Planung Ihres Aufenthaltes schnell zu spüren bekommen: Geld ist da - es wird eben bloß woanders eingesetzt!
Wenn Sie die Fristen verstreichen lassen, gehen Ihnen die Zuschüsse verloren - also ist es auch hier notwendig, so früh wie möglich Anträge zu stellen (immer schriftlich!) und den **Durchschlag aufzuheben**.
Zuschüsse können unter Umständen auch von Organisationen und Einrichtungen kommen, an die Sie nicht gleich denken: Bei Fahrten ins Ausland gibt es in der Regel Jugendwerke, die hier helfen können, zum Beispiel das Deutsch-Französische Jugendwerk siehe Adresse im Oeckl oder - wenn Sie den Aufenthalt mit einem Projekt des praktischen Lernens oder im Austausch alte/neue Bundesländer planen, die Robert-Bosch-Stiftung oder das Gesamtdeutsche Ministerium.
Die aktuellen Adressen (Berlin-Hauptstadt) erfahren Sie immer am zuverlässigsten im jeweils neuesten Oeckl - siehe Seite 18.

11. Denken Sie auch an die Versicherungen:

Da der Schullandheimaufenthalt eine schulische Veranstaltung ist, unterliegen die Schüler automatisch der gesetzlichen Unfallversicherung. Krankenversichert sind sie über ihre Eltern (vergessen Sie nicht das „Merkblatt 2" der Elterninformation Seite 39) - bleibt also die Frage der Haftpflichtversicherung (vergessen Sie auch Ihre eigene nicht).

Als GEW-Mitglied z. B. sind Sie automatisch mit einer Berufshaftpflicht versichert, nicht aber mit einer Privathaftpflicht) - Ihren Schülern sollten Sie also auch eine Privathaftpflichtversicherung nahelegen (also den Schülereltern, denn bei denen sind die Schüler kostenlos mitversichert).

12. Fahren mit dem Bus oder mit der Bahn?

Ja, das ist die Frage. Als ökologisch interessierte Mitmenschen ziehen wir in der Regel die Bahn vor, aber oft sind die Heime so ungünstig zu erreichen (und Ihre Klassengröße so günstig für einen Bus), daß Sie vielleicht doch auf den Bus ausweichen.

Lassen Sie sich aber auf alle Fälle von mehreren Busunternehmen und von der Bundesbahn ein Angebot machen. Wenn Sie mit der Bundesbahn „hart" verhandeln (übers Schultelefon mit dem Kundendienstberater), sind - je nach Jahreszeit und Auslastung der Bahn - oft auch mehr als 50 % Rabatt auf den Einzelfahrpreis möglich. Wir haben auch schon einmal 75 % durchgesetzt. Darüber hinaus führt die Bundesbahn auch Schulfahrten mit festumrissenen Programmen durch, die Ihnen eine Menge Arbeit ersparen. Auch die Zu- und Abfahrt zu den Bahnstationen werden mit Bahnbussen gut organisiert, so daß tatsächlich vieles dafür spricht, mit der Bahn in das Schullandheim zu fahren.
Wenn Sie dann am Zielort ab und an einen Bus benötigen, so wissen die Herbergseltern in der Regel die günstigsten Unternehmen und Preise, so daß Sie auch von daher nicht schlechter gestellt sind.

Andererseits: Es gibt ganz hervorragende Busunternehmen, deren Fahrer manchmal eine Begleitperson ersetzen kann - und das ist dann wirklich unbezahlbar.
Wir kennen so eine Firma in Mittelbaden: Manfred Mann, Alois-Degler-Str. 91, 76571 Gaggenau, Telefon 07225-2252. Wer also aus Mittelbaden einen Aufenthalt im Norden plant (oder vom Norden aus einen Aufenthalt in Mittelbaden), dem können wir den Herrn Mann empfehlen (und deswegen ist unser Anfragenvordruck auch an ihn gerichtet). Lassen Sie sich aber mehrere Angebote machen - Sie werden manchmal Unterschiede von bis zu 30 % feststellen können. Das kann dazu führen, daß Sie auf diese Weise das Geld für die Ausflugsfahrt wieder „hereinbekommen".

In den letzten Jahren (die Arthrose macht auch vor gemütlichen Beamten nicht halt) haben wir allerdings mehr Wert auf einen komfortablen Reiseweg gelegt als auf das Ausfeilschen eines möglichst niedrigen Preises. Lieber im Reisebus für 15,- DM pro Schüler mehr, als bei Gesamtkosten von 350 DM pro Schüler die 15,- DM eingespart und dafür zwei Wochen lang im Linienbus mit den schmalen Sitzen durch die Gegend geschüttelt.

13. Bettelbriefe sind nicht jedermanns Sache!

Aber vielleicht gibt es auch in Ihrer Gemeinde einen freundlichen Zahnarzt, der sich dafür revanchieren möchte, daß die Lehrer immer Süßigkeiten verteilen und deswegen die Karies so hoch im Kurs steht.

Wir haben für solche Bettelbriefe einen Vordruck erstellt, den Sie abändern können (Seite 26). - Beachten Sie den üblen Trick mit dem Zeitungsbericht!

Versenden Sie die Briefe an Firmen, Banken und Persönlichkeiten des Öffentlichen Lebens ...

14. Schulfest, Bazar, Verkaufsstand ...

Zum Schulfest haben wir eine Seite mit eigenen Vorschlägen zusammengestellt. Allgemein kann man über Schulfeste sagen, daß sie „ertragsmäßig" im Verhältnis zu der aufgewendeten Zeit und zu den Vorlaufkosten nicht so lohnend sind - deswegen sollte man sie als Gelderwerbsquelle nur bedingt ins Auge fassen.

Bei profihaft organisierten Festen kann das anders aussehen.

Einträglicher dagegen können zum Beispiel Altpapiersammlungen sein (da muß man mal sehen, wie das mit dem DSD etc. weitergeht) oder die Vorschläge, die unter Punkt 2 schon gemacht wurden.

Wichtig aber: bei allen Aktionen, Festen, Bazaren müssen Sie sich in Ihrer Gemeinde absprechen.
In vielen Gemeinden ist es inzwischen schon üblich, daß sich die Vorstände der örtlichen Vereine in der Mitte des Jahres zusammensetzen und die Terminplanung für das nächste Kalenderjahr vornehmen, damit nicht Ihr Schulfest mit dem 50jährigen Jubiläum des Männergesangvereins „Halbe Lunge" zusammenfällt.

Und falls so eine Absprache bisher nicht üblich war - vielleicht fangen Sie einfach einmal damit an und zeigen im Ort, daß Sie als Lehrer/in mitdenken (wenden Sie sich einfach an den/die Leiter/in des Hauptamts und bitten sie ihn/sie, den Gemeindesaal für eine solche Zusammenkunft zu reservieren und alle örtlichen Vereine anzuschreiben und diese zu bitten, zu dem vorgeschlagenen Termin eine/n Vertreter/in zu schicken)..

15. Schüler schreiben an:

die Gemeindeverwaltung, um sich Stadtpläne, Radwanderkarten, ein Verzeichnis der Betriebe und ein Veranstaltungsprogramm, ein Verzeichnis der Freizeiteinrichtungen und einen städtischen Ämterplan schicken zu lassen und um nachzufragen, ob die örtlichen Schwimmbäder und Sportanlagen, Jugendhäuser und Büchereien mitbenutzt werden dürfen;

an Firmen und Betriebe, um sich Informationsmaterial zuschicken zu lassen und Betriebsbesichtigungen vorzubereiten;

an die dortige Zeitung, um ein Abonnement zu bestellen, damit man schon Monate vorher weiß, was in dieser Stadt passiert und was nicht passiert; manche Zeitungen bieten auch die Möglichkeit, nur die Wochenendausgaben zu abonnieren. Wenn Sie allerdings eine Wandtafel in der Klasse hängen haben (eine Wand mit Packpapier abkleben und darauf verschiedene Rubriken einrichten, unter die dann die jeweils neuesten Berichte eingeklebt werden - Vereine, Schule, Gemeinderat, Sport, Jugend, Kultur...), dann sollten Sie ruhig die letzten drei Monate vor dem Aufenthalt ein normales Abonnement buchen und die Wandtafel von jeweils damit beauftragten Schülern rubrikweise pflegen lassen.

an die Parallelklasse am Ort, um die eigenen Steckbriefe hinzuschicken und die fremden Steckbriefe anzumahnen. Und das muß noch ein bißchen ausführlicher erläutert weden. Dafür gibt's dann zwei Informationsblätter ab Seite 29. Stichworte: Schülersteckbrief und Infotafel!
Wenn Sie das Fahrtenbuch verwenden, so können Sie natürlich auch die dort auf Seite 6 abgedruckten persönlichen Steckbriefe verwenden, indem Sie wieder 4 Heftseiten auf ein A4-Blatt kopieren. Wir haben für die Vorbereitung mit der Parallelklasse allerdings lieber die hier auf Seite 30 abgedruckten Steckbriefe verwendet, schon wegen der Fotos.

16. Die Medienverleihstellen

Wenn Sie für Ihren Aufenthalt noch ein Filmvorführgerät und Filme brauchen oder einen Video-Recorder, Kameras usw. - schreiben Sie die Bildstelle an: die eigene und die „fremde", denn es macht beides gleich viel Arbeit: Das Mitschleppen der Geräte von zu Hause aus und das Suchen am Zielort. Außerdem erhöht sich Ihre Chance, daß Sie überhaupt noch Geräte bekommen. Achtung: Auch hier mußten wir in den letzten Jahren häufiger feststellen, daß die Bildstellen aus Geldmangel keine Geräte mehr verleihen und ihren Kundendienst auf den Verleih von Filmen und Videos beschränken. Auch deshalb empfiehlt sich die Kontaktaufnahme mit einer Schule am Zielort.

17. Jetzt kommen die zweiten Elternbesuche

Bei Ihrem ersten Besuch sind sicher noch Fragen offengeblieben. Oft brauchen Eltern auch erst einmal Bedenkzeit, bevor Sie sich endgülig entscheiden können. Jetzt haben Sie noch Zeit. In der Hektik der letzten Wochen geht dann sowieso nichts mehr.

18. Spielebücher, Spielvorschläge

Spielebücher finden Sie im Literaturverzeichnis, Spielvorschläge ab Seite 59. Wir haben das so gemacht, daß **jeder Schüler** verpflichtet war, ein Spiel (möglichst sein Lieblingsspiel) mitzunehmen.
Wir haben darauf geachtet, daß möglichst viele unterschiedliche Spiele vorhanden waren und nicht die Hälfte der Klasse mit den Skatkarten ankam. Vielleicht wählt Ihre Klasse „zwei Spielleute", die für die Aufteilung (und Verwaltung) der Spiele zuständig sind? Die können dann auch das Mitnehmen organisieren.

Und: Planen Sie für den ersten Regentag einen Spieletag ein. Da wird der Eßsaal nach dem Frühstück in eine Spielhölle verwandelt, und alle Spiele werden ausprobiert und - vielleicht - bewertet. Unter Umständen bietet sich auch einmal eine Spielenacht an.

19. Wir machen unsere Filme selber!

Das gibt dem Schullandheimaufenthalt den Flair des Unvergeßlichen: der eigene Film mit der Videokamera.
Aber leider hat Ihre Schule ja nicht einmal einen ordentlichen Fernseher. Wie soll man also dran kommen?

Fragen Sie doch mal bei der nächsten Rundfunkanstalt an - vielleicht wollen die einen Bericht über einen Tag im Schullandheim machen und leihen Ihnen die entsprechenden Geräte (doch, das geht!). Oder wenden Sie sich an die nächste PH oder Uni - die haben viele dieser Geräte im Einsatz (oder, noch besser, Sie fragen im nächsten Schulzentrum nach).

Dort vergammelt in einem abgeschlossenen Raum die perfekteste Video-Anlage, die sich nur denken läßt. Aber keiner bedient sie, und vielleicht haben Sie Glück und man leiht sie Ihnen).

Und schon ist das schönste Projekt fertig: Drei Schüler/innen schreiben ein Drehbuch, vier schneidern Kostüme, zwei schminken, zwölf schauspielern, acht klatschen Beifall, zwei führen Regie, drei bedienen die Kamera und drei weitere die Scheinwerfer.

Spielen Sie „Der Bankraub", und rauben Sie eine Parkbank, auf der ein Liebespärchen sitzt. Oder den abendfüllenden Spielfilm „Der Sitzenbleiber", in dem ein Lehrer sich auf einen Stuhl im Klassenzimmer setzt, der zuvor mit einem Kontaktkleber präpariert wurde. Der Lehrer bleibt auch nach der letzten Stunde noch sitzen, bis alle Schüler gegangen sind, erst dann steigt er errötend und dickbäuchig aus seiner festgeklebten Hose.

Und wenn Ihnen auch die PH keine Videoanlage herausrückt? Dann vielleicht der Fachhändler in der Stadt, dem Sie dafür einen feinen Testbericht versprechen und eine öffentliche Vorführung der Filmkunstwerke mit Hinweis auf den edlen Verleiher.

20. Entwurf einer Hausordnung mit der Klasse

Die Hausordnung sollte vor dem Beginn des Aufenthalts abgesprochen und verbindlich sein (und kann am ersten Abend entsprechend den konkreten örtlichen Verhältnissen sinngemäß ergänzt werden).

Also: Lassen Sie sich vorher die Hausordnung und eine genaue Heimbeschreibung zusenden, und beziehen Sie das bei der Erstellung mit ein.
Wir haben uns immer sehr pragmatische Hausordnungen gegeben, aber diese dann streng kontrolliert. Einen Vorschlag finden Sie auf Seite 34 als Kopiervorlage.

21. Der zweite Elternabend

Er ist in der Regel besser besucht als der erste, was nicht nur auf Ihre Hausbesuche, sondern vor allem auf die unmittelbar bevorstehende Fahrt zurückzuführen ist.
Heute müssen nun alle Beschlüsse gefaßt werden, die auf dem ersten Elternabend nur andiskutiert und inzwischen von Ihnen und Ihren Schülern im Elternhaus weiter besprochen wurden.
Wiederholen Sie deshalb zu Beginn noch einmal alle Punkte, die bereits auf dem ersten Elternabend besprochen wurden (auch aus diesem Grund ist es wichtig, daß Sie bereits vom ersten Elternabend ein Protokoll angefertigt und es allen Eltern zugänglich gemacht haben).

Und versuchen Sie so weit als möglich, die Diskussion nicht zu allgemein und abstrakt zu führen, sondern stellen Sie immer **konkrete Situationen** vor und lassen Sie die Eltern erst einmal selbst diskutieren. Oft gehen die Eltern dann auch über das hinaus, was Sie ihnen vorschlagen wollten.

Die folgenden Punkte sollten Sie unbedingt ansprechen mit dem Ziel, zu den hier angebotenen oder sinnvolleren Lösungen zu kommen:
(Und befreien Sie sich und Ihre Schülereltern vor den Auswüchsen einer allzu ängstlichen Phantasie. Das Schullandheim ist ein Schritt aus der Schule zum Leben hin - nicht weniger, aber eben auch nicht mehr!).

a) Taschengeld

Natürlich schafft ein einheitliches Taschengeld keine sozialen Unterschiede aus der Welt, es deckt sie allenfalls ein bißchen zu. Aber es ist trotzdem sinnvoll, wenn sich beim Aufenthalt keine allzu großen Unterschiede zeigen, ein Schüler einen anderen nicht so schnell unter einen Konkurrenzzwang stellen kann, der nur auf einem dickeren Geldbeutel beruht.

Versuchen Sie, bei der festgelegten Höhe einen Mittelweg zu gehen. Bei fünfzehnjährigen Schülern sind 80 bis 100 DM Taschengeld wohl für einen 14tägigen Aufenthalt ausreichend, wenn tatsächlich alle sonstigen Kosten (Essen, Ausflüge, Eintrittsgelder, Getränke) in der Kalkulation der Aufenthaltskosten enthalten sind.

Oft bitten Eltern den Lehrer, das Taschengeld für ihr Kind doch bitte selbst zu verwalten. Lehnen Sie diese Bitte nicht von vornherein ab, sondern geben Sie vorsichtig zu bedenken, daß die Kinder doch lernen müßten, auch selbst mit dem Geld umzugehen - wenn sie alles gleich zu Beginn ausgeben würden, dann müßten sie eben die restliche Zeit ohne Taschengeld auskommen - für die normale Verpflegung usw. ist ja gesorgt. So richtig dieses Argument theoretisch ist, so schwer paßt sich die Wirklichkeit unseren Überlegungen an. Hat nämlich der Schüler tatsächlich sein Geld in den ersten 5 Tagen verbraucht, so versucht er, sich von Klassenkameraden oder Ihnen Geld zu leihen, schreibt die Oma zum ersten Mal seit 5 Jahren persönlich an, versetzt Vaters Fernglas oder

klaut sogar den Geldbeutel vom Zimmernachbarn.

Es hängt sehr von Ihrer Einschätzung des Reifegrades der Klasse ab, welche Regelung Sie vorschlagen.

Wir schlagen eine praxisnahe vor:
Normalerweise sollten sich die Schüler das Geld selbst einteilen.
In den Fällen, in denen Eltern **und** Schüler Sie darum bitten, nehmen Sie die Hälfte des Taschengeldes in Verwahrung und teilen es zu Beginn der zweiten Hälfte des Aufenthalts aus. Der Verwaltungsaufwand bleibt auf diese Weise gering, die Kauflust in Grenzen steuerbar.
Ein Kollege hat uns einmal berichtet, daß er jeden Tag eine halbe Stunde lang „Bank" gespielt hätte, bei der die Schüler im Rahmen ihres Geldes Ein- und Auszahlungen vornehmen konnten.

b) Bettel- und Katastrophenbriefe
Diese hängen eng mit dem Taschengeld zusammen. Sie können Schülern und Eltern die vollkommenste Regelung abgerungen haben, wenn Ihre Schüler zum ersten Mal die Schmuckverkäufer am Straßenrand sehen, die handgeflochtenen Lederhüte entdecken, Andenken für die Familie gekauft haben (ein Männeken-Piss als Cognakausschenker für Vater und eine rosa Muschelschatulle für Mutter), dann sind die guten Vorsätze auf beiden Seiten rasch vergessen:
Die ersten Briefe treffen zu Hause ein, in denen schluchzend vom schlechten Essen die Rede ist, daß beim Ausflug alle Kleider naß geworden wären und verschmutzt und zerrissen und fortgeschwemmt, und das ganze Geld geklaut .. verloren ... verbrannt wäre und ...

Zu Hause schimpfen dann die Eltern auf den leichtsinnigen Lehrer, packen seufzend einen Fünfziger in den Briefumschlag und schicken ihn dem mißratenen Sprößling ... - schon sind Ihre ganzen schönen Pläne durcheinander.

Weisen Sie deshalb auf dem Elternabend die Eltern ausführlich auf diese Möglichkeit hin und verabreden Sie mit ihnen für solche Fälle eine Regelung (zum Beispiel, daß Sie bei Verlust des Taschengeldes dem Schüler den verlorenen Betrag vorstrecken) oder zumindest eine Rücksprachemöglichkeit mit den Eltern.

c) Telefonsprechstunde
Viele Eltern wissen, was sie von der Schreiblust ihrer Kinder zu halten haben und rufen deshalb nach ein bis zwei Tagen schon im Heim an, um sich nach dem Befinden des Sprößlings zu erkundigen.
Sind Sie dann gerade mit der Klasse nicht erreichbar, oder ist das Telefon nicht besetzt - und wiederholt sich das ein paarmal, dann werden die Eltern immer nervöser.

Alldem können Sie entgehen, wenn Sie mit den Eltern zwei Termine vereinbaren, zu denen alle Schüler und Sie im Heim erreichbar sind. Richten Sie also eine Telefonsprechstunde ein (in der Zeit können Sie ja eine gemeinsame Spiel- oder Bastelstunde durchführen) und geben Sie diese auf den Merkblättern für die Eltern an.
Die erste so am dritten Tag Ihres Aufenthalts, die zweite kurz nach Beginn der zweiten Halbzeit.

Ein Kollege schrieb uns zu dem Vorschlag mit der Telefonsprechstunde allerdings, daß er das für falsch hielte, weil dadurch ein moralischer Druck auf die Eltern ausgeübt würde, die zum Beispiel aufgrund von Schichtdienst zu den Zeiten der Telefonsprechstunde gar nicht anrufen könnten.
Denn, auch wenn die Schüler das nicht zugeben würden, so wären sie doch traurig, wenn sie nicht auch einen Anruf erhalten würden.

Wir halten das Argument für richtig. Und wenn es Ihnen nicht gelingt, diesen Vorbehalt bei den Elternabenden und in den Gesprächen mit der Klasse auszuräumen, sollten Sie die Telefonsprechstunde wohl besser wegfallen lassen. In diesem Fall müßten Sie die Merkblätter für die Eltern entsprechend abändern.

Elternbesuche während des Aufenthaltes sollten Sie generell untersagen. Es macht Ihnen und den Schülern den Aufenthalt kaputt und bedeutet immer auch eine Zurücksetzung der Kinder, deren Eltern aus irgendwelchen Gründen nicht in der Lage sind, ihre Kinder im Schullandheim zu besuchen.
Wir hatten nie diese Probleme, weil wir immer mit den Kindern (die im Schwarzwald groß geworden sind) an die Nordsee fuhren, um einmal etwas ganz anderes zu bieten. Die Mehrkosten gegenüber einem Aufenthalt in der Nähe unserer Schule haben wir mit den Einnahmen aus dem Schulfest mehr als ausgeglichen.

d) Freßpakete
haben wir dadurch verhindert, daß wir vorher mit den Eltern vereinbart hatten, daß solche Pakete unter allen Schülern aufgeteilt würden. In der Regel haben die Eltern hierfür Verständnis (und leider ist noch niemand drauf gekommen, dann eben einmal ein Paket für die ganze Klasse zu schicken), denn was würde ein einheitliches Taschengeld nützen, wenn es auf diese Weise hintenherum wieder unterlaufen würde.

e) Krankheiten
Vor allem diejenigen unter den Eltern, deren Kinder zum erstenmal für längere Zeit von zu Hause fort sind, machen sich Sorgen um mögliche Krankheiten ihrer Kinder.
Weisen Sie diese Eltern einmal auf die Merkblätter hin, die Sie entweder beim Elternabend ausgeben oder besser danach in das Elternheft einkleben lassen (auf dem zweiten Merkblatt, das Sie selbst mit ins Schullandheim nehmen, tragen die Eltern ja nicht nur Krankheiten und benötigte Medikamente ihres Kindes ein, sondern auch Name und Telefonnummer des Hausarztes), zum anderen können Sie sie zusätzlich beruhigen, wenn Sie ihnen noch einige Informationen über das nächstgelegene Krankenhaus mitteilen (welche Entfernung vom Heim, Nachtdienst, welche Stationen usw.), so daß die Eltern sehen, daß Sie wirk-

lich alles vorbereitet haben und sie ihre Kinder getrost mit Ihnen gehen lassen können.
Sehr bewährt hat sich unser Buch **ERSTE-HILFE** (näheres dazu auf den Seiten 72-73)

f) Heimweh
Sie brauchen ja wirklich keine Metzgerseele zu besitzen, um mit diesem Problem ziemlich pragmatisch umzugehen. In allen Fällen, in denen nach unserer Erfahrung echte Schwierigkeiten mit heimwehkranken Kindern auftraten, war der/die Lehrer/in nicht ganz unschuldig daran, indem er/sie nämlich durch seine dauernden Hinweise auf das Heimweh bei Eltern und Schülern geradezu ein Bedürfnis danach geweckt hatte ...

Lassen Sie also dieses Problem in aller Ruhe auf sich zukommen und versuchen Sie dann, möglichst pragmatisch damit fertig zu werden. Oft sind es auch nur die Schwierigkeiten mit den Zimmerkameraden, die in einem Schüler Heimwehgefühle wecken. Durch Umquartierung und die Ernennung des Patienten zu Ihrem persönlichen Assistenten können solche Probleme oft aus der Welt geschaffen werden. In den vielen Gesprächen mit Kolleginnen und Kollegen haben wir noch nie von einem Fall gehört, bei dem tatsächlich ein/e Schüler/in den Aufenthalt abbrechen mußte. Allerdings mag es solche Fälle trotzdem geben und vielleicht gerade in Ihrer Klasse.

Wenn denn gar nichts mehr hilft, dann lassen Sie eben den/die betreffende/n Schüler/in von den Eltern abholen - oder, wenn das Heim zu weit vom Elternhaus entfernt ist, mit Hilfe des Roten Kreuzes und der Bundesbahn nach Hause bringen. In ganz schlimmen Fällen (die kann es auch mal geben!) verschreibt Ihnen auch der nächste Arzt einen Krankentransport nach Hause. Das geht am schnellsten, und die Kosten übernimmt dann vielleicht auch noch die Krankenkasse (vorher telefonisch bestätigen lassen!).

g) Alkohol, Nikotin und „Ausgang"
Schon bei den Hausbesuchen hatten wir empfohlen, diese Themen einmal mit den Eltern vorzubesprechen. Wir schlagen - je nach Alter der Schüler - vor, entweder das Rauchen und den Alkohol (hier ist das Bier gemeint) generell zu verbieten, oder das Verbot auf das Heim zu beschränken und vor der Tür einen Metalleimer für die Kippen aufzustellen und die Augen zu schließen - und wenn es denn unbedingt sein muß, dann gehen Sie halt mal mit der Klasse ein Bier trinken. Allerdings kommen wir - je älter und vernünftiger wir werden - immer mehr dazu - hier strenge Maßstäbe anzulegen.

Schwierig ist es auch mit dem „Ausgang". Sie finden auf dem zweiten Merkblatt eine Formulierung, wie wir sie bei allen unseren Aufenthalten durchsetzen konnten. Problematisch bleibt noch der Zeitpunkt, zu dem die Schüler wieder im Heim sein müssen. Hier müssen Sie einfach sehen, auf welche Zeit Sie die Eltern herunterhandeln können. Wenn die Schüler noch keine 18 Jahre alt sind, dürfen sie sich ohne Begleitung Erwachsener nur bis 22.00 Uhr in Gaststätten und Diskotheken aufhalten. Deshalb empfiehlt es sich auch, diesen Zeitpunkt für die Rückkehr der Schüler ins Heim als verbindlich anzusetzen.

h) Sonstiges
Teilen Sie den Eltern zum Schluß auch noch einmal ausdrücklich mit, daß Sie noch eine genaue Aufstellung aller wichtigen Daten und Termine erhalten (geben Sie diese aber trotzdem schon auf dem Elternabend bekannt). Bitten Sie auch die Eltern, die Liste, die alles enthält, was die Schüler im besten Fall mitnehmen sollen, nur als „Vorschlag" anzusehen (Merkblatt 1) und auf keinen Fall extra für den Aufenthalt etwas Neues zu kaufen.

Und die Disziplin? Die Bestrafungen?

Tja, wir haben uns im Zusammenhang mit der Erarbeitung der Hausordnung Gedanken gemacht, aber wir haben keine Lösung anzubieten: Sind wir konsequent, ist es richtig und nicht richtig, sind wir nachgiebig, auch. Also haben wir uns in der Regel nach unserem gesunden Menschenverstand gerichtet. Aber Sie sollten darüber mit den Eltern diskutieren. Vielleicht kommen Sie zu praktikablen Lösungen. Wenn nicht, dann sehen die Eltern wenigstens, daß nicht alles so einfach ist und machen Ihnen hinterher nicht so schnell Vorwürfe, wenn Sie Entscheidungen getroffen haben, die ihnen nicht sofort einleuchten.

22. Die dritten Elternbesuche, die vierten ...

... und in hartnäckigen Fällen auch noch die fünften und sechsten. Wenn Semiha zum Beispiel nicht mit darf, weil ein türkisches Mädchen so etwas nicht macht, oder wenn ein Vater meint, seinen Sohn oder seine Tochter mit einem Teilnahmeverbot für irgendwas strafen zu müssen, oder wenn Eltern zwar kein Geld haben, aber das nicht zugeben wollen ...
Dann liegt es an Ihnen, wie weit Sie sich engagieren können und wollen. Vielleicht hilft auch einmal der Ortsgeistliche mit einem kleinen Zuschuß aus, oder das Sozialamt legt eine Bestimmung ein bißchen großzügiger aus ...

23. Die Merkblätter für die Eltern

finden Sie weiter hinten: Lassen Sie das Merkblatt 1 in das Elternheft kleben - und Merkblatt 2 brauchen Sie ausgefüllt zurück. Das nehmen Sie ja mit ins Schullandheim (lassen Sie sich von jedem Blatt eine DIN A5-Kopie machen, dann können Sie die großen Blätter im Heim lassen, die kleinen können Sie dann immer dabei haben).

24. Die Zimmerverteilung

Lassen Sie sich, wenn möglich, einen Lageplan Ihres Schullandheimes schicken und planen Sie die Zimmerverteilung gut. Dann können Sie die schwarzen

Schafe um Ihr Zimmer herumscharen, während die Lieben im Zimmer im Seitenflügel wohnen dürfen. Und seien Sie da ruhig ein bißchen zu vorsichtig. Es war für uns immer wieder erstaunlich, wie unter dem Einfluß eines fremden Klimas und unter dem Gekicher einer fremden Klasse unseren Schülern Mut wächst ...

25. Der Besuch beim Hausarzt

Erzählen Sie ihm von Ihrem Schullandheimaufenthalt, legen Sie den Kopf schief und schauen Sie hinüber zum weißen Schrank mit den Ärztemustern. Und bitten Sie ihn um Proben gegen Reiseübelkeit, Menstruationsbeschwerden, Kopfschmerzen, Kreislauf, Durchfall und um Salben bei Prellungen und Muskelzerrungen. Vergessen Sie auch Pflaster, Dreiecktücher und Mullbinden nicht, und denken Sie auch an das Fieberthermometer (Achselhöhle genügt!). Die Fieberschnelltestfolien sind nur für den ersten Überblick sinnvoll. Wenn man diese auf die Stirn legt, erscheint bei Normaltemperatur ein „N", bei Fieber „N+F". Erst dann brauchen Sie zum Fieberthermometer zu greifen. Für kleinere Verletzungen oder Aufschürfungen sollten Sie ein Desinfektionsspray dabeihaben und auch ein Fläschchen Sprühverband.

Schließlich packen Sie auch noch einen Flachmann für sich ein und ein Fläschlein letztes Öl für Notfälle. Eine kurze Zusammenstellung der wichtigsten Mittel finden Sie auf Seite 73 bei Erster Hilfe.

Und wenn Sie ein/e ganz vorbildliche/r Lehrer/in sein wollen, so bestellen Sie rechtzeitig vor dem Aufenthalt (ein Vierteljahr mindestens!) bei der Firma Carl Hahn, Kaiserwerther Str. 400, 40474 Düsseldorf, zwei Klassensätze Tampons und Binden für den Sexualkundeunterricht; die gibt's umsonst.

Verschonen Sie auch Ihren Apotheker nicht. Und wenn er nur ein paar Päckchen Dextro-Energen herausrückt.

26. Checkliste für technische Geräte

Legen Sie sich eine Liste der Geräte an, die Sie mitnehmen wollen, damit Sie nicht auf einmal mit einem Koffer voller Folien dastehen, aber den Overheadprojektor in der Schule vergessen haben. Am besten legen Sie auch gleich für jedes Gerät einen Verantwortlichen fest, der den Transport, das Aufstellen usw. organisiert.
Hierzu gehören dann zum Beispiel Filmvorführgerät, Kassettenrecorder, Schallplattenspieler, Fernsehgerät, Video-Anlage, Schreibmaschine, Abzugsapparat, Diaprojektor, Fotoapparat usw. .

Es kommt eben auf den Schwerpunkt an, den Sie im Schullandheim setzen wollen:
Wenn Sie eine Ton-Dia-Schau fabrizieren wollen, dann lesen Sie sich die Anleitung im „Handbuch zum Schulalltag" durch (dort finden Sie auch viele Hinweise auf weitere Projekte, die Sie im Rahmen des Schullandheimaufenthaltes durchführen können).

Denken Sie auch daran, notfalls eine Versicherung für diese Geräte abzuschließen. Befragen Sie dazu am besten Ihren zuständigen Gemeindeversicherungsverband - oder, einfacher und kommunikativer - machen Sie das alles mit der dortigen Schule vor Ort ab.

27. Fahrt zum Schullandheim

Halt! Noch geht es nicht los.
Überprüfen Sie rasch noch die folgende Checkliste:

- Sind alle Merkblätter unterschrieben da?
- Sind die schriftlichen Bescheide vom Sozial- und Jugendamt da? Wenn nicht, gleich anrufen!
- Kontrollanrufe bei der Bahn/Bus/Heim: Stimmt alles, klappt alles? **Datenvergleich!**
- Ist die schriftliche Genehmigung da? Notfalls überspringen Sie den Dienstweg und läuten beim Minister selbst an!
- Haben Gemeinde und Land ihre Zuschüsse schriftlich zugesagt?
- Apotheke komplett?
- Erste-Hilfe-Buch dabei? Doppelt? (siehe Seite 72)
- Anti-Baby-Pille? Kondome?
- Wecker?
- Spielekoffer komplett? Mit Trillerpfeife, Luftballons, Bierdeckeln, Trinkhalmen, Lupe, Kompaß...?
- Projektmaterialien (Reagenzgläser zum Regenmessen und -dokumentieren), Pflanzenpressen, Sportgeräte und natürlich auch Blatthalter/Schreibunterlagen (Nr. F870. DIN A4 oder Nr. F871, DIN A5)
- Büromaterial (Locher, Papier, Schere, Klebstoff...)?
- Korkenzieher und Flaschenöffner?
- Fotoapparat und Filme? Batterien?
- Trillerpfeife, Taschenlampe, Reizgas?
- Klopapier für die Fahrt???
- Sind genügend Euro-Schecks mit?
- Scheckkarte? Na? Geheimnummer im Kopf?
- Ist der Sekt für den letzten Abend mit der/dem Liebsten kaltgestellt?
- Das Bett frisch bezogen?
  (Damit Sie bei der Rückkehr gleich hineinfallen können)
- Haben alle Schüler gültige Ausweise?
- Und was ist mit **Ihrem** Ausweis?

- Haben Sie Ihre Gewerkschaftsbeiträge immer brav abbuchen lassen, so daß Sie notfalls Rechtsschutz erhalten?
- Und haben Sie sich die Briefwahlunterlagen gesichert, damit Ihre Stimme nicht verloren geht?

Aber jetzt: Endlich rollt der Bus (oder die Bahn) um die Ecke. Die Schüler jubeln, die Mütter wischen sich die Tränchen aus den Augen und stecken dem Sprößling trotz aller guten Vorsätze und Beschlüsse noch einen Zwanziger in die Tasche, die Zigaretten werden ausgetreten, und der Sturm auf die Sitzplätze beginnt.

Zehn Kilometer vor dem Schullandheim wird es dann wieder unruhig. Auch für Sie. Denn Sie müssen nach dem Geschäft Ausschau halten, in dem Sie noch ein paar Blumen für die Herbergsmutter und ein Fläschlein Cognac für den Herbergsvater erstehen (noch mehr freut er sich über ein paar Flaschen Wein aus Ihrer Gegend).

Und dann kommt das Heim.

Geben Sie den Schülern eine halbe Stunde Zeit, die Sachen in die Zimmer zu räumen, Poster aufzuhängen, Schlaftiere in die Betten zu legen und sich frisch zu machen, und rufen Sie alle in den Aufenthaltsraum.

In dieser Zeit können Sie schon die wichtigsten Fragen mit den Herbergseltern besprechen (und die Klassensprecher können dabei im Namen der Klasse Blumen und Wein überreichen).

Es hängt dann von der Länge der Fahrt und dem Zustand der Klasse ab, ob Sie bereits heute all die Fragen klären, die in den folgenden Tagen auf dem Programm stehen, oder ob Sie damit bis zum nächsten Morgen warten.

Wir empfehlen bei einer Ankunft am späten Nachmittag das folgende Programm:

a) Aufteilen auf die Zimmer und Einräumen der Wäsche
b) Zusammentreffen im Aufenthaltsraum
c) Kurze Begrüßung durch den Herbergsvater und Erläuterung der Hausordnung
d) Überreichen eines Erste-Hilfe-Buches und Festlegen des Platzes, an dem es aufgehängt wird (siehe Seite 72)
e) Einteilung des Küchendienstes für diesen Abend und das Frühstück am folgenden Morgen
f) Erster gemeinsamer Eintrag in das Fahrtenbuch, das jeder Schüler dabeihat
g) Kleine Stadtrundfahrt/Rundgang zum Kennenlernen der näheren Umgebung
h) Abendessen
i) Kurze Planung für den nächsten Tag (morgens Vollversammlung und Aufstellen des Plans für die nächsten Tage, nachmittags dann Besichtigung/Schwimmbadbesuch/Wanderung mit der Parallelklasse usw.)
j) Brief oder Karte an die Eltern schreiben, daß man gesund angekommen ist und ab damit in den Briefkasten
k) Freizeit bis 21.30 Uhr. Treffen im Aufenthaltsraum, Besprechung noch unmittelbar anstehender Fragen
l) Bettruhe nach den Regeln des Heimes, eine halbe Stunde zugeben wegen der Aufregung des ersten Tages
m) Danach „Ruhestörer" zum Küchendienst einteilen
n) Mit Herbergseltern und der Begleitperson den mitgebrachten Wein austrinken.
o) Letzte Störer verdonnern
p) Einschlaaaaafen

☞ ☞ ☞ **der Tip:**

Es gibt einen wichtigen Grundsatz für den Tag der Ankunft: Lassen Sie Ihre Schüler/innen nur müde ins Bett. Denn Sie legen den Grundstein für das Verhalten in den nächsten Tagen.

Das gilt besonders für die Nachtruhe. Die Fahrt hat die Kinder in der Regel nicht ermüdet. Hinzu kommt die Aufregung durch die neue Umgebung und die Klassen-Gruppen-Situation. Alle sind aufgekratzt, an Schlafen ist nicht so schnell zu denken.

Machen Sie daher erschöpfende Spiele oder noch eine kleine Wanderung - vielleicht auch einen Orientierungsgang in die Stadt.

28. Verbesserung der Hausordnung

Am nächsten Morgen (oder bereits am Nachmittag des Ankunftstages) brauchen Sie noch einmal gute Nerven und aufmerksame Schüler. Die noch in der Schule aufgestellte Hausordnung muß der konkreten Situation im Heim und im Ort angepaßt werden. Die wichtigsten Sätze werden in das Fahrtenbuch eingetragen (dort Seite 13). Außerdem sollten folgende Themenbereiche ausführlich besprochen werden:

Die Terminplanung zumindest für die laufende Woche sollte so aufgestellt werden, daß immer auch ein bißchen Freizeit vorgesehen ist (etwa alle drei Tage einen freien Vor- oder Nachmittag, wenn möglich auch einen Abend). Machen Sie den Schülern aber auch deutlich, daß die Teilnahme an den allgemeinen Veranstaltungen der Klasse für alle verbindlich ist. In der Regel freuen sich nämlich hinterher auch die Schüler über das Erlebnis, die vorher keine Lust zum Mitmachen hatten.

Erarbeiten Sie auch eine **Alternativplanung** für die Vorhaben, bei denen Sie auf ein bestimmtes Wetter angewiesen sind.

Telefonieren Sie noch einmal mit all den Stellen, mit denen Sie für die nächste Woche Termine vereinbart

hatten und lassen Sie sich diese bestätigen.
Zuallererst rufen Sie aber den Lehrer der Partnerklasse an und verabreden am besten gleich für einen der nächsten Abende einen Disco-Abend im Heim (und entlocken Sie dem Herbergsvater hierzu eine Verlängerung der internen Schlußzeiten). Und rufen Sie dazu die örtliche Tanzschule an, verweisen Sie wieder einmal auf den Zeitungsbericht - möglicherweise kommt dann noch kostenlos ein Tanzlehrer und bringt Ihren Schülern die neuesten Positionen bei.

Sondertarife bei Kinos, für das Theater, bei Schifffahrten und für das Schwimmbad usw. erhalten Sie fast immer dann, wenn Sie hart verhandeln. Die Herbergseltern kennen in der Regel die unterste Grenze, bis zu der Sie herunterhandeln können. Oft haben sie auch Sondervereinbarungen mit den Unternehmen getroffen, in deren Genuß Sie eben nur kommen, wenn Sie mit den Herbergseltern auf gutem Fuß stehen.
Allerdings: Manchmal können Sie auf diese Weise Pech haben - einige Herbergseltern kassieren unter der Hand Vermittlerprovision, die natürlich in der Kalkulation entsprechend berücksichtigt werden. Wenn Sie einen Verdacht in dieser Richtung haben, so lassen Sie sich unverbindlich Alternativangebote machen. Sind Ihre Kinder einzeln unterwegs, so helfen oft die Schülerausweise im Fahrtenbuch.

Nepper, Schlepper, Halsabschneider warten an allen Ecken und Enden gerade auf Ihre Schüler, um ihnen den größten Mist für die unverschämtesten Preise anzudrehen. Wahrscheinlich müssen Sie von vornherein darauf verzichten, Ihren Geschmack den Schülern begreiflich zu machen, sie aber eindringlich auf das Herunterhandeln verweisen. Wir haben schon Blusen, die am Straßenrand für 49,- DM angeboten wurden, für 15,- DM erhalten.
Und: Proben Sie das Handeln ruhig im Rollenspiel!

Genaue Treffpunkte sollten bei jedem Ausflug und bei jeder Besichtigung vereinbart werden. Sinnvoll ist es, wenn die Schüler immer einen Taschenkalender oder das Fahrtenbuch mit sich führen, in dem neben der Telefonnummer und der Anschrift des Heimes auch immer der jeweilige Treffpunkt notiert wird (zum Beispiel die Straße, in der der Bus abgestellt ist, die nächste Polizeistation, die Kasse am Hafeneingang usw.). Vereinbaren Sie außerdem eine genaue Uhrzeit und machen Sie einen Zeitvergleich. Bringen Sie Ihren Schülern auch von Anfang an bei, daß Sie immer wieder einmal gezählt werden müssen.

Immer nur zu zweit oder zu dritt! Schärfen Sie das Ihren Schülern ein. Falls mal was passiert, damit einer telefonieren oder Hilfe holen kann oder sonstwas. Das war bei uns immer die Voraussetzung dafür, daß sich jemand von der Klasse entfernt hat. Und: 5 Zehner mußte jeder vorweisen, der wegwollte, damit er immer ausreichend Geld dabei hatte, um im Schullandheim anrufen zu können. Im Fahrtenbuch haben Sie eine Möglichkeit, hinten mit Tesa-Film drei Notgroschen einzukleben.

Schreibstunden für die Briefe und Karten an die Eltern sollten Sie zweimal in der Woche durchführen. Am besten eignet sich dazu die Zeit nach dem Essen. Sie sollten daher von vornherein einführen, daß die Schüler nach dem Essen nicht weglaufen, sondern am Tisch sitzenbleiben - nicht nur wegen der Schreibstunden, sondern weil es immer mal wieder was zu besprechen gibt.

Übrigens: Auch wenn Sie sich dabei vielleicht ein bißchen lächerlich vorkommen, geben Sie den Schülern Formulierungshilfen für die Briefe an die Eltern, ohne daß diese Hilfen etwa in Anspruch genommen werden müßten. Aber viele Schüler sind im Briefeschreiben doch noch ziemlich unsicher ...

Eine Landkarte der Umgebung und ein Terminplan sollten immer an der Wand im Aufenthaltsraum hängen (und natürlich schon vorher im Klassenzimmer gehangen haben). Ziele und Standorte können mit Hilfe von Stecknadeln oder kleinen Fähnchen kenntlich gemacht werden. Die Schüler lernen auf diese Weise Stadtpläne und Landkarten lesen und können sich ein bißchen in die Umgebung einordnen.

Die anderen Klassenlehrer/innen im Heim freuen sich sehr, wenn Sie sie auf die vorliegende Kopiervorlagensammlung „Materialien zum Schullandheimaufenthalt" hinweisen, wie auch auf das Hosentaschenbuch „Mein Fahrtenbuch", zu beziehen unter Bestellnummer A370 beim AOL-Verlag, Waldstr. 17-18 in D-77839 Lichtenau, Telefon (07227-95 88-0) oder Telefax (07227-95 88 95). Denn nicht alle Kollegen/innen bereiten ihren Aufenthalt so gründlich vor wie Sie. Sie sollten den Kontakt zu den Kollegen/innen aber nicht nur dazu benutzen, Ihren Informationsvorsprung zu sozialisieren, sondern auch dazu, möglichst gemeinsame Verhaltensregeln für alle Klassen aufzustellen, damit Sie nicht dauernd gegeneinander ausgespielt werden - das ist natürlich nur dann sinnvoll, wenn Ihr/e Kollege/in kein Unmensch ist.

Am Ende der Vorbereitungen erfolgt dann die Einteilung des Küchendienstes (gleich in das Fahrtenbuch eintragen lassen - dort Seite 16) und der sonstigen Aufgaben, zum Beispiel für das Schreiben des **Tagebuches**.
Gehen Sie auf den begreiflichen Widerwillen der Schüler argumentativ ein: Die Tagesberichte werden gleichzeitig als Aufsatz ausgewertet und ersparen der Klasse und Ihnen solche dämlichen Themen wie „Mein schönes Ferienerlebnis" (doch, solche Themen werden immer noch gestellt - schauen Sie nur in die Aufsatzhefte Ihrer Klasse!!!!)
Drei bis vier Schüler sollten immer gleichzeitig (und jeder für sich) einen Tag beschreiben, so daß im Normalfall jeder Schüler zwei Mal während des Aufenthaltes drankommt. Die schönsten Geschichten werden gleich oder erst wieder daheim vervielfältigt und zu einem „Klassenbuch" zusammengestellt, in das die Schüler Eintrittskarten, stinkende Seesterne, Postkarten, Bilder, Fotos, gebrochene Herzen und Liebesbriefe einkleben können.

Das ist dann schon der

29. Start ins Berichtsheft

Wir haben dazu zwei Arbeitsblätter zusammengestellt - siehe Seite 42 (eines davon ist das Beispiel eines Berichts eines 13-jährigen Hauptschülers).

30. Briefe an die Eltern und Großeltern

Das Wichtigste dazu haben wir schon unter Punkt 28 gesagt. Was man in Zeiten steigender Postgebühren und sinkender Zuschüsse vielleicht noch raten könnte: Alle Briefe werden in ihre Umschläge gesteckt, zugeklebt, adressiert und in einem einzigen großen Umschlag an den Elternbeiratsvorsitzenden geschickt, der sich dann die Haxen ablaufen muß. Aber wirklich nur in absoluten Notfällen.

31. Telefonsprechstunde

Falls Ihnen die Argumente dagegen nicht ausgereicht haben: Sinnvoll ist das nur, wenn Sie die genauen Termine schon **vor der Ankunft mit den Herbergseltern** abgesprochen hatten. Denn nur dann können Sie die Termine auch auf dem Merkblatt für die Eltern verbindlich angeben.
Und: suchen Sie sich aus den Spielvorschlägen die besten heraus und organisieren Sie einen bunten Spieleabend, damit die Schüler nicht zu mürrisch werden, die keinen Anruf erhalten können.
Schließlich: Vereinbaren Sie eine ganz kurze Redezeit - denn während der Sprechstunde rufen ja alle Eltern an und wollen mit Ihren Kindern sprechen ... Vielleicht überlegen Sie es sich doch noch einmal ...

32. Projekte im Schullandheim

Möglicherweise sind Sie ein Organisationstalent und Schaffer: Rufen Sie - wenn Sie einen Aufenthalt planen - einfach mal den Bürgermeister an und fragen Sie ihn, ob er nicht Interesse daran hätte, daß eine Schulklasse ihm einen Spielplatz anlegt oder eine Seilbahn baut oder eine Brücke schlägt - das Material muß die Stadt stellen, den Aufenthalt kostenlos gestalten und kann könne es losgehen ...
Im Ernst: Vielleicht können Sie so etwas mit der Partnerklasse planen, die dann auch leichter an das Geld herankommt - oder Sie planen das auf Gegenseitigkeit: in diesem Jahr hier, im nächsten Jahr bei Ihnen.

Und wenn Sie publizistische Unterstützung brauchen, so rufen Sie bei der AOL an: 07227-95 88-0. Es gibt Zeitschriften und Rundfunk- und Fernsehanstalten, die gern über so ein Projekt berichten würden. Wir kennen sie alle und sind gern bei der Vermittlung behilflich. Solche Berichte wiederum schwächen den Widerstand von groben Bürgermeistern und Rektoren ...
Oder Sie greifen auf die Projektberichte des Verbandes Deutscher Schullandheime zurück und wiederholen oder verbessern eins. Denken Sie auch an Töpfer- und Malkurse, Technik- und Kunstkurse, Workcamps im In- und Ausland.

Ansonsten geht es auch kleiner: Sie können auch eine Fußgängerrallye durchführen oder eine Betriebsbesichtigung (zu beiden Projekten finden Sie weiter hinten auf Seite 51 Hinweise & Arbeitsblätter - wie auch im Buch **Mein Fahrtenbuch** - siehe dort auf den Seiten 36-39).
Auch die Erstellung eines „Klassenbuches" ist schon ein ganz umfangreiches Projekt:

33. „Klassenbuch" zum Schullandheim

Aus den Aufsätzen der Schüler können Sie auch ein richtiges „Buch" machen, mit allem Drum und Dran. Was Sie dazu brauchen:
- Zeit als Klassenlehrer
- Das AOL-Schnippelbilder-Taschenbuch Nr. 1 (Bestell-Nr. A231)
- die Grafik-Kiste Freizeit (Bestell-Nr. A144)

mit allem, was man zur Illustration und für das Layout einer Schülerzeitung, einer Unterrichtseinheit, einer Materialsammlung zum Schullandheimaufenthalt und eines **Klassentagebuches** braucht.
Bezug: AOL-Verlag, Waldstr. 17-18,
D-77839 Lichtenau, Tel. (07227) 95 88 0

Weiter brauchen Sie Kolleginnen und Kollegen, die im Werkunterricht was vom Bücherbinden verstehen oder verstehen wollen ... Und dann hängt es von Ihrem Engagement und Geldbeutel ab: Leinen- oder Pappeinband, geklebt oder geheftet oder „gefädelt", im A4-Format oder kleiner, handschriftlich oder maschinenschriftlich oder computergesetzt, mit oder ohne Fotos, inhaltlich überarbeitet oder a bisserl geschlampert - und davon wiederum hängt die Auflagenhöhe ab und die Überlegung, ob Sie das Klassenbuch nicht nur in der Klasse, sondern auch im regionalen Buchhandel vertreiben wollen ...

34. „Die Nachbereitung" daheim

Die folgenden Tips zur Nachbereitung stammen von dem freundlichen Kollegen Siegfried Heinemann aus Laatzen und wurden brutal gekürzt: Zum Einstieg in inhaltliche und organisatorische Kritik schlägt er vor:

- ❏ die einzelnen Aktivitäten werden mit Zensuren bedacht (**Nachteil:** meist häufen sich die guten Zensuren).

- ❏ Die einzelnen Aktivitäten werden in eine Rangskala gebracht (auf Platz 1 das, was am besten gefallen hat ...).

- ❏ Jede/r Schüler/in äußert sich über das, was ihm/ihr am besten bzw. am wenigsten zugesagt hat (das kann unter Umständen auch schriftlich geschehen).

- ❏ Schüler interviewen sich gegenseitig mit einem Kassettenrecorder, wobei die Aufnahmen auch schon während des Aufenthaltes auf Band gespielt werden können.

- ❏ Partnerinterview: je zwei Schüler stellen sich Fragen und schreiben die Antworten auf, die Ergebnisse werden in der Klasse ausgehängt.
- ❏ Auf großen Papierbögen werden Fragen formuliert, die von allen beantwortet werden (können). Diese Bögen werden dann ebenfalls an die Wand geheftet.
- ❏ Lehrer und Schüler stellen einen Fragebogen zusammen, füllen und werten ihn gemeinsam aus.
- ❏ In Gruppenarbeit werden „der Hit" und „die Niete" (gemeint sind Veranstaltungen) des Schullandheimaufenthaltes gesucht und begründet, warum gerade dieser und nicht jener Punkt auserkoren wurde.

Aus alledem sollte man dann spätestens bei der nächsten Fahrt Konsequenzen ziehen und so früh wie möglich beginnen, diese vorzubereiten.

Nach ungefähr einer Woche läßt man dann den Eltern eine genaue Aufstellung der Kosten zusammenkommen, damit sie auch sehen, wofür sie das Geld gezahlt haben ...

Außerdem: eine Einladung an Freunde, Eltern, Bekannte, Verwandte zu einem gemeinsamen Treffen, auf dem die Schüler dann folgendes präsentieren ...

- ❏ Dias und Bilder, die das zeigen, was so geschehen ist (also auch die Schnappschüsse vom letzten Abend mit Rockmusik und Kerzenschein).
- ❏ Sollten im Schullandheim Sketche, Parodien, Spielszenen o. ä. entstanden sein, so werden diese vorgeführt, gelungene Spiele mit allen wiederholt.
- ❏ Werkstücke, gesammelte Raritäten (das ist der Stein, der unserem Klassenlehrer vom Herzen fiel, als ...) werden ausgestellt.
- ❏ Während des Aufenthalts aufgenommene Interviews werden vorgespielt.
- ❏ Zur Verteilung gelangt eine Schullandheimzeitung, die - für alle hektografiert - Berichte vom Heim, Witze, Bilder, Sketche usw. enthält.
- ❏ Das ganze Unternehmen findet in einer lockeren Atmosphäre statt (Grill, Getränke, Kaffee/Kuchen...)
- ❏ Mit einem entstehenden Erlös wird die Klassenkasse aufgefüllt, in der bei solchen Gelegenheiten natürlich immer Ebbe herrscht ...

☞ ☞ ☞ der Tip:

In der Schule werden von jedem Schullandheimaufenthalt Dokumentationsmappen angelegt (die Zusammenstellung überlassen wir der Phantasie der jeweils beteiligten Lehrer/innen), die bei nachfolgenden Aufenthalten wichtige Hilfestellung geben können.

Wo finde ich was?

Es gibt drei Nachschlagewerke, die auf jedem Lehrer/innenschreibtisch stehen sollten (oder zumindest in jedem Lehrer/innenzimmer). Alle drei erscheinen jährlich neu und können abonniert werden. Bezug: Buchhandel oder: **AOL-Verlagsauslieferung, Waldstr. 17-18 in D-77839 Lichtenau, Tel. (07227) 95 88-0** (Sie können auch die Bestellkarte auf der Umschlagklappe dieser Materialsammlung verwenden)

1. Der Oeckl:
Offiziell heißt der gewichtige Band (ca. 1.500 Dünndruckseiten, stabiler Einband, gestanztes Griffregister) **Taschenbuch des Öffentlichen Lebens Deutschland**. Es enthält von der Telefonnummer des Bundeskanzlers bis zu allen wichtigen Adressen aus Bund, Ländern, Gemeinden, Ausland, zu Wirtschaft, Sozialpartner und Berufe, Soziale Sicherheit, Umwelt und Naturschutz, Medien und Kommunikation, Politische Parteien, Religion und Weltanschauung, Bildung und Erziehung, Wissenschaft und Forschung, Kunst und Kultur alle notwendigen Namen und Adressen, Telefon- und Faxnummern. Wirklich unentbehrlich für alle, die im Bildungsbereich arbeiten und sich regelmäßig über das öffentliche Leben informieren wollen und/oder müssen. Es erscheint jeweils im November eines jeden Jahres neu, kostet 132.- DM und kann sowohl über den Buchhandel, als auch vom Festland-Verlag in Bonn direkt, als auch über die AOL-Verlagsauslieferung bezogen werden: Bestellnummer V100, 132.- DM. Im Abo: Bestellnummer V101, 132.- DM.

2. Das SCHUBRA.
Offiziell heißt es **Das Schul-Branchenbuch.** Auf über 300 Seiten sind hier in 26 thematisch geordneten Rubriken (von Audiovisuellen Medien über Büro-Organisation, Dienstleistungen, Gesundheit, Gruppenfahrten, Museen, (Schulbuch)Verlage, Fachzeitschriften, Schulbauten bis hin zu Verbänden und Theater/Zirkus/Zauberei) über 1.500 Adressen gesammelt. Daneben werden die wichtigsten Fragen aus dem Schul- und Dienstrecht beantwortet, Schülerwettbewerbe (jugend forscht u.a.) vorgestellt und und und.
Das SCHUBRA erscheint jeden Januar neu (Bestellnummer B009, 15.- DM). Im Abo 10.- DM (Nr. B011).

3. Der PSF:
Der **Pädagogische Schnäppchenführer** erscheint jeweils im September neu und gibt einen Überblick über alle die Dia-Serien, Folien, Bücher, Broschüren, Videos, Kassetten etc., die von Verbraucherverbänden, Ministerien, Firmen und Institutionen für den Bildungsbereich erstellt wurden und in der Regel kostenlos abgegeben werden. Bestellnummer B199, 19.80 DM. Im Abo: B111: 15.- DM.

Anmerkungen zu einem ökologischen Schullandheimaufenthalt
(nach den BUND-Leitlinien zur Umwelterziehung)

Allein in Bayern nehmen pro Schuljahr etwa 110.000 Schüler/innen und 8.000 Lehrer/innen an **Schul-Skikursen** teil. Es gibt aber kein umweltgerechtes Skifahren (und daran ändern auch die Lippenbekenntnisse zu pistengerechtem Verhalten und der Hinweis auf die wachsende Lawinengefahr durch Abholzen der Schutzwälder nichts). Und die Folgen des Skifahrens (z. B. zerstörte Vegetation) sieht man erst im Sommer, die Schüler werden nicht unmittelbar mit den schädlichen Folgen ihres Tuns konfrontiert.

Am Beispiel der Skikurse - besonders im alpinen Bereich - zeigen sich am deutlichsten die Probleme unökologischer Aufenhalte, die zudem deutlich das Konkurrenzdenken untereinander fördern und in der Regel auch recht teuer sind.

Folgende Gedanken sollten daher vor dem eigentlichen Beginn der Planung eines Schullandheimaufenthaltes und einer Gruppenfahrt mit Schülern und Eltern besprochen und beachtet werden:

A. Die Vielfalt der Natur erhalten
Um die Lebensvielfalt auch für die nachfolgenden Generationen zu erhalten, ist ein Umdenken im Verhältnis Mensch-Natur nötig, vor allem eine Begrenzung menschlicher Nutzungsansprüche.

B. Änderung des Konsumverhaltens
Um die Vielfalt von Fauna und Flora zu schützen und wiederherzustellen, müssen umfassende Änderungen in wesentlichen Bereichen des Lebens und Wirtschaftens erfolgen. Dabei ist das Arbeits-, Freizeit-, Konsum und Verkehrsverhalten des einzelnen zu überdenken und die Wirtschaft nach sozialen und ökologischen Gesichtspunkten auszurichten.

C. Umwelterziehung braucht Erfahrungsräume
Eine einseitige verstandesmäßige Bewältigung der Umweltproblematik ist nicht sinnvoll. Neue Formen handlungsorientierten Unterrichts sind zu entwickeln. Aus der Erkenntnis heraus, daß bei Schulfahrten die negativen Auswirkungen der Freizeitindustrie auf Mensch und Landschaft nicht noch zusätzlich verstärkt werden sollen, ergeben sich folgende Forderungen:

1. Schulfahrten sollen verstärkt in die engere Heimat des Schülers führen. Weiter entfernte Ziele sollten nur dann angestrebt werden, wenn sie besondere Erfahrungsräume zugänglich machen (im politischen Bereich beispielsweise Aufenthalte im jeweils anderen Teil Deutschlands, im ökologischen Bereich beispielsweise die Lebenswelt im Watt oder in den Alpen), die Schwerpunkt des Aufenthaltes bilden und entsprechend vor- und nachbereitet werden.

2. Umweltverträgliche Sportarten (Schwimmen, Wandern, Radfahren) werden gegenüber Surfen oder Skifahren bevorzugt.

3. Aufenthalte in Schullandheimen und Jugendherbergen und ähnlichen einfachen Einrichtungen sind zu bevorzugen.

4. Beachtung ökologischer Grundsätze während der Schulfahrt (Abfallvermeidung, Verzehr frischer, vollwertiger Lebensmittel, kein Besuch von Fast-Food-Restaurants).

5. Durchführung von Öko-Schullagern, bei denen konkrete Projekte zur Umwelterziehung durchgeführt werden (siehe z. B: Seite 20).

6. Insgesamt Beachtung der Regeln des Sanften Reisens / des Sanften Tourismus:

- **Verhinderung touristischer Monostrukturen:** Maßvoller Ausbau des Fremdenverkehrs; Belebung weiterer Wirtschaftszweige; breite Nutzenstreuung touristischer Projekte für die Region; Kleine Auftragslose zugunsten örtlicher Handwerker und Betriebe.

- **Erhaltung und Schaffung naturnaher Landschaften:** Schutz und Pflege von Natur und Landschaft; Unterstützung der Landwirtschaft in Richtung Ökologie; Schaffung von Biotopen; Zonierung von Schutzgebieten, Pufferzonen und Erholungsräumen.

- **Verminderung von Umweltbelastungen:** Verbesserung der Wasserqualität; Verringerung von Lärm; Verkehrsberuhigung; umweltfreundlichere Abfall-, Abwasser- und Energiekonzepte; flächensparendes und konzentriertes Bauen.

- **Beobachtung der regionalen Maßstäbe und Traditionen:** Landschaftstypische Bauweise; Verwendung landschaftstypischer Baumaterialien und Pflanzen; Stützung des traditionellen Handwerks; Pflege von Brauchtum und Kultur.

- **Sensibilisierung des Gastes:** den Gast an die Landschaft, an die Geschichte, an die Natur und an die Kultur der Region heranführen und zum Mitmachen motivieren (Kulturtage, Pflanzaktionen, ökologische Feste).

- **Selbstbestimmung der Einheimischen über das Tourismuskonzept:** Nutzung der örtlichen Potentiale; Festlegen von Entwicklungszielen und Entwicklungsgrenzen; Bürgerbeteiligung.

Diese allgemeinen Hinweise müssen nun mit Schülern, Kollegen und Eltern in praktikable Handlungsanleitungen umgesetzt werden. Der BUND (Bund für Umwelt- und Naturschutz Deutschland e.V.) ist mit Materialien und Referenten hierbei gern behilflich:

BUND, Bundesgeschäftsstelle, Im Rheingarten 7, 53225 Bonn, Telefon (0228) 40097-0, Fax - 4009740

Literatur: „Reisen auf die sanfte Tour" Bestell-Nr. A285, AOL-Verlag, 77839 Lichtenau

Umweltschutzgedanken im DJH
(nach der Fachtagung „Umweltschutz und Umwelterziehung in Jugendherbergen")

Vorbemerkung:

Wer - wie die Autoren - viele Jugendherbergen im Laufe seiner Lehrertätigkeit kennengelernt und als Mitglied des DJH über Jahrzehnte hinweg die Bemühungen des DJH, Gesichtspunkte des Umweltschutzes mehr und mehr in der Praxis umzusetzen, verfolgt hat, wird begrüßen, daß auch einer besonderen Umwelterziehung in bestimmten Jugendherbergen Rechnung getragen wird.

„Umweltschutz soll in den Jugendherbergen nachdrücklich betont und praktiziert werden. Auf allen Ebenen des Jugendherbergswerkes sind Maßnahmen des Umweltschutzes zu ergreifen, zum Beispiel Verzicht auf überflüssige Verpackung und Einwegflaschen, Verwendung umweltfreundlicher Reinigungsmittel. Einzelne Jugendherbergen bieten sich als Umweltstudienplätze in besonderer Weise an. Umwelterziehung, Umweltgestaltung und Umweltschutz sind als U-Zielbestimmungen in die Satzung des Hauptverbandes und der Landesverbände aufzunehmen..."

Schon jetzt gibt es eine Reihe von Jugendherbergen, in denen sogenannte **Umweltstudienplätze** eingerichtet wurden.

Dort sollen Ursachen und Zusammenhänge der Umweltproblematik erkannt und die Einsicht vermittelt werden, daß eigene Mitverantwortung, verantwortungsbewußtes Handeln und eine sorgfältige Abwägung von ökologischen gegenüber ökonomischen Gesichtspunkten immer notwendiger sein wird.

Nachfolgende Jugendherbergen erfüllen bereits die Rahmenrichtlinien des DJH:

Umweltstudienplatz JH Benediktbeuern
Don-Bosco-Straße 3
D-83671 Benediktbeuern
Tel.: 08857/88350
Fax: 08857/88376

Umweltstudienplatz JH Prien am Chiemsee
Carl-Braun-Straße 46
D-83209 Prien am Chiemsee
Tel.: 08051/2972
Fax: 08051/63485

Umweltstudienplatz JH Waldhäuser
Herbergsweg 2
D-94556 Neuschönau
Tel.: 08553/300
Fax: 08553/829

Umweltstudienplatz JH Mönchengladbach-Hardt
Brahmsstraße156
D-41169 Mönchengladbach
Tel.: 02161/559512
Fax: 02161/556464

Euro-Umweltstudienplatz JH Brilon
Auf dem Hölsterloh 3
D-59929 Brilon
Tel.: 02961/2281
Fax: 02961/51731

Umweltstudienplatz JH Tönning
Badallee 28
D-25832 Tönning
Tel.: 04861/1280
Fax: 04861/5956

Umweltstudienplatz JH Fröbersgrün
Hauptstraße 17
D-08548 Fröbersgrün
Tel.: 037431/256

Umweltstudienplatz JH Born-Ibenhorst
Im Darßer Wald
D-18375 Born
Tel.: 038234/229

Umweltstudienplatz JH Altenahr
Langfigtal 8
D-53505 Altenahr
Tel.: 02643/1880

Weitere Umweltstudienplätze, die sich im Aufbau befinden (über den aktuellen Stand informiert Sie das DJH auf Anfrage):

JH Hoherodskopf, D-63679 Schotten
JH Mosenberg, D-34590 Wabern
JH Eichstätt, Reichenaustraße 15, D-85072 Eichstätt
JH Forbach-Herrenwies, D-76596 Forbach

Diese Angebote müssen nun mit Schülern und Schülerinnen, Kollegen und Kolleginnen und Eltern in praktikable Handlungsanleitungen umgesetzt werden. Das DJH (Deutsches Jugendherbergswerk) ist mit Materialien und Referenten hierbei gern behilflich und bietet über die oben angegebenen Jugendherbergen auch konkrete Praxisangebote.

Weitere Auskünfte erteilt:

**DJH
Postfach 1455, 32754 Detmold
Telefon (05231) 74 01-0; Fax (05231) 74 01-66**

Liebe Eltern,

wie Sie ja inzwischen schon durch Ihren Sohn/Ihre Tochter erfahren haben,
planen wir einen Schullandheimaufenthalt für unsere Klasse.
Wir haben uns hierüber auch schon ausführlich mit der ganzen Klasse
unterhalten und möchten nun Ihre Wünsche und Vorstellungen dazu
kennenlernen.

Um Ihnen die Entscheidung etwas zu erleichtern, haben wir uns verschiedene Möglichkeiten
überlegt und hierfür auch einmal die ungefähren Kosten durchgerechnet.
Hierüber möchten die Schüler und ich Sie gern bei unserem nächsten
Elternabend informieren und laden Sie recht herzlich dazu ein:

Ort: _____

Zeitpunkt: _____

Wie Sie ja wissen, ist der Schullandheimaufenthalt eine „schulische Angelegenheit", die vor allem im Interesse der Schüler und der Klassengemeinschaft liegt.
Nach den amtlichen Richtlinien soll **jeder** Schüler/**jede** Schülerin der Klasse an einem solchen Aufenthalt teilnehmen. Finanzielle Gründe dürfen einem Aufenthalt ebenfalls nicht im Weg stehen. Vielmehr muß auch in solchen Fällen nach einer Möglichkeit gesucht werden. Wenden Sie sich daher im Notfall vertrauensvoll an mich, die Klassenlehrerin.

Ich möchte Sie herzlich bitten, zu diesem Elternabend zu kommen - möglichst mit Ihrem Ehegatten, damit wir Ihre Wünsche, aber auch Ihre Bedenken kennenlernen und entsprechend berücksichtigen können.
Bitte kreuzen Sie auf dem unteren Teil des Blattes die Meinung an, die Ihnen am ehesten entspricht, und geben Sie diesen Abschnitt ausgefüllt möglichst rasch
Ihrem Sohn/Ihrer Tochter wieder in die Schule mit.

Ich freue mich auf Ihren Besuch
und verbleibe mit freundlichen Grüßen

....
(Unterschrift)

✂ ---

Ich bestätige hiermit, daß ich die Einladung zum Elternabend über den geplanten Schullandheimaufenthalt zur Kenntnis genommen habe.

Ich kann an dem Elternabend voraussichtlich nicht teilnehmen ❑

Ich werde am Elternabend mit etwa _____ Personen teilnehmen. ❑

Ich bin mit der Teilnahme der Schüler einverstanden. ❑

Ich bin mit der Teilnahme der Klassensprecher einverstanden. ❑

Ich möchte nicht, daß beim Elternabend Schüler anwesend sind. ❑

Datum: _____ Unterschrift: _____

Değerli Veliler

Çocuğunuzdan da duyduğunuz gibi, bir sınıfgezisi plânlıyoruz.

Bütün sınıfla beraber, bu hususda fikir teatisinde bulunduk, şimdi ise sizin fikir ve isteklerinizi öğrenmek istiyoruz.

İşinizi daha kolaylaştırmak için, çeşitli yolları ve fiyatları hesap ettik.

Bu konu üzerinde öğrenciler ve ben gelecek veliler toplantısında sizleri aydınlatmaya davet ediyoruz.

    Toplantı yeri: _____

    Toplantı saati: _____

Sizlerin de bildiği gibi, Öğrenciyurtagezisi bir okul kararıdır, herşeyden önce öğrenci ve sınfın isteklerine
eğilir.

Okulun çizdiği plâna göre, her öğrencinin böyle bir geziye katılması lâzımdır. Maddi durum bu hususta engel değildir. Böyle bir durumda bir yol bulunması lâzımdır. Yardıma ihiyacınız olduğu zaman güvenle sınıfögretnenine başvurabilirsiniz.

Bu toplantıya gelmenizi sizden rica ediyorum. Mümkünse eşinizle gelirseniz, istek ve tereddütlerinizi gözönüne alırız.

Lüffen uygun gördüğünüz düşüncelerinizi aşağıdaki uygun gördüğünüz yeleri doldurup en kısa zamanda çocuğunuzla okula gönderin.

Toplantıya geleceğinize seviniyor

ve dostca selamlıyorum.

       ....

✂ --

Toplantıya katılmayı kabul, öğrenciyurtgezisi hakkında bilgi aldığımı tasdik ederim.

Şimdiden öngörülen veliler toplantısına katılamıyacağım   ❏

veliler troplantısına _____ kişiyle katılacağım   ❏

Öğrencilerin de toplantıya katılmalarını uygun buldum   ❏

Sınıfbaşkanının toplantıya katılmasını uygun buldum   ❏

Öğrencilerin velilertoplantısına katılmasını uygun bulmuyorum ❏

    tarih: _____   imza:_____

Schullandheimaufenthalt in der Zeit vom _____ bis _____

Liebe Herbergseltern,

wir planen zur Zeit mit unserer Klasse einen _____ tägigen Aufenthalt in Ihrer Gegend, und zwar

oder   zwischen dem _____ und dem _____

   zwischen dem _____ und dem _____

Wir möchten freundlich anfragen, ob in dem genannten Zeitraum die Möglichkeit besteht, in Ihrem Heim eine entsprechende Anzahl von Plätzen zu erhalten.

Am liebsten wäre uns die Zeit vom _____ bis _____

Voraussichtlich werden folgende Personen am Aufenthalt teilnehmen:

- Schülerinnen: _____
- Schüler: _____
- weibliche Betreuer: _____
- männliche Betreuer: _____

Die Schüler/innen sind im Durchschnitt _____ Jahre alt. Bitte seien Sie so freundlich und senden Sie den unteren Abschnitt möglichst bald ausgefüllt an die angegebene Adresse zurück.

Wir bedanken uns sehr herzlich für Ihre Mühe
und verbleiben mit freundlichen Grüßen

(Unterschrift)

✂ --

In unserem Heim _____
(Anschrift)

_____

ist in der Zeit vom _____ bis _____ die gewünschte Anzahl von Plätzen frei.

Die Kosten betragen pro Person:

Unterkunft: _____ DM

Verpflegung: _____ DM bei _____ Mahlzeiten pro Tag.

Zusatzkosten: _____ DM für _____

Gesamtkosten: _____ DM pro Tag und Person.

Bitte wenden Sie sich bei Rückfragen an Frau/Herrn: _____

Wir benötigen Ihre Zusage bis spätestens: _____ Tel. _____

Mit freundlichen Grüßen

Firma
Manfred Mann
Alois-Degler-Str. 91
76571 Gaggenau

Angebot für eine Busfahrt ins Schullandheim

Sehr geehrter Herr Mann,

wir erbitten an die oben angegebene Adresse ein kostenloses und unverbindliches Angebot für eine Fahrt zum Schullandheim.

Zeitraum:	vom _____ bis _____
Abfahrtsort:	_____
Zielort:	_____
Schüler/innen:	_____
Betreuer:	_____

Am Zielort planen wir auch mehrere Ausflugsfahrten, die sich insgesamt auf ca. _____ km belaufen werden.

Bitte gliedern Sie Ihr Angebot auf in die **reinen Fahrtkosten** und in die **Kosten für den Einzelkilometer** am Aufenthaltsort, da wir Ihren Bus während unseres Aufenthaltes am Zielort gern nutzen möchten.

Wir bedanken uns für Ihre Mühe
und grüßen Sie freundlich,

(Unterschrift)

Tips und Hilfen: Schulfest

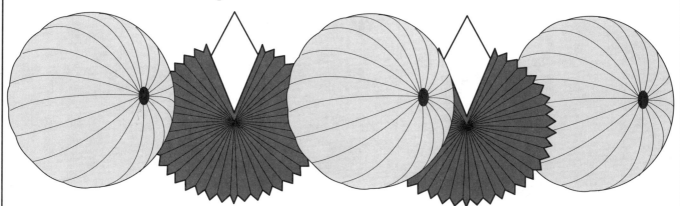

Schulfeste sind zur Finanzierung bzw. Bezuschussung von Schullandheimaufenthalten das mit Abstand geeignetste Mittel. Eine kleine Schule wie die legendäre Hauptschule Stadelhofen mit ihren 100 Schülern und 8 Lehrern erzielte auf ihren jährlichen Schulfesten zwischen 3.000 und 5.000 DM Reingewinn.

Da unsere Schulfestanleitungen aber inzwischen überall erschienen sind (und eigentlich gar nichts Wesentliches mehr zu bieten haben), hier im folgenden nur ein paar Extra-Tips, an die man sonst nicht so ohne weiteres denkt:

1. Förderverein gründen!
Wenn der Förderverein Träger des Schulfests ist, dann gehören ihm auch die Einnahmen - ansonsten nämlich juristisch der Gemeinde.

2. Absprache mit anderen Vereinen!
Sprechen Sie sich mit den Gesangs-, Musik-, Sport- und sonstigen Vereinen Ihrer Gemeinde rechtzeitig wegen des Termins ab, damit Sie sich nicht gegenseitig ins Gehege kommen.
Verlangen Sie eine Aufnahme des Schulfestes in den offiziellen Veranstaltungskalender Ihrer Gemeinde.

3. Checkliste anlegen!
Legen Sie schon im Jahr davor eine Checkliste an, mit deren Hilfe auch gleich eine Aufgabenverteilung vorgenommen wird.
Vergessen Sie nicht das Festzelt (aber nur, wenn Sie es nicht kommerziell bekommen können).

4. Von Anfang an mit den Eltern!
Kommen Sie nicht erst vier Wochen vor dem Schulfest an: die Eltern haben in der Regel den besseren Kontakt zu den Leuten, die Ihnen beim Schulfest helfen - oder schaden können.

5. Ausstellung von Schülerarbeiten!
Dokumentieren Sie auf dem Schulfest auch das „normale" Leben der Schule: Werk- und Bastelarbeiten, Bilder, Ergebnisse von Projektwochen. Und veranstalten Sie auch einmal eine „Schau-Chemie-Stunde", in der es kracht und blitzt und der Phosphor an die Decke knallt.

6. Plakatwettbewerb
Führen Sie innerschulisch einen Plakatwettbewerb durch - mit Preisverleihung und allem Drum und Dran. Und tapezieren Sie damit auch die Schaufenster der Nachbargroßstadt ...

7. Haussammlungen
Teilen Sie den Stadtteil oder das Dorf nach Straßenzügen auf, und lassen Sie die Schüler/innen auf vorgefertigten Listen für die Tombola sammeln: Waren und Geld.
Und die Lehrer/innen machen dasselbe bei den Geschäften, Firmen und Betrieben.

8. Hausverkauf
Lassen Sie von den Schülern einen Tag vor dem Fest Lose in der Gemeinde verkaufen. Sie können auf diese Weise mehr als doppelt so viel Lose verkaufen als normal und ziehen zumindest die Leute mit den Gewinnen aufs Schulfest.

9. Eltern-Kuchen-Backen
Bitten Sie die Eltern schriftlich (und mit Rückantwort) darum, für das Schulfest entweder einen Kuchen zu backen oder eine Spende für den Kaffeekauf vorzunehmen.

10. Laden Sie andere Gruppen ein!
Lassen Sie den DBV einen Stand auf dem Schulfest machen, auf dem Nistkästen verkauft werden, oder führen Sie mit dem ADAC einen Reaktionstest durch oder mit dem Rotkreuz einen Bluthochdruckmeßtest.

11. Organisieren Sie eine Krabbelstube
für die Kleinsten, damit auch die kindergeplagten Eltern kommen können.

12. Führen Sie mit den Eltern gemeinsam etwas auf: Hitparade, Theater, usw.

**Betr.: Bitte um eine Spende für den Schullandheimaufenthalt
unserer Schülerinnen und Schüler**

Sehr geehrte .....

als Mitbürger unserer Gemeinde kennen Sie die Sorgen, die wir Lehrer uns um
unsere Schüler und Schülerinnen machen, um ihr Freizeitverhalten und in ihrem Umgang
miteinander.

Wir planen in diesem Jahr für die Klasse .... unserer Schule einen Schullandheimaufenthalt. Solche Aufenthalte gehören zu den wichtigen Erlebnissen im Schulleben
jeder Schülerin und jedes Schülers.
Falls Sie in Ihrer Schulzeit auch schon einmal an einem solchen Aufenthalt
teilgenommen haben, werden Sie das aus eigener Erfahrung sicher bestätigen
können.

Allerdings haben sich die Kosten eines solchen Aufenthaltes in der Zwischenzeit doch
beträchtlich erhöht, und nicht in allen Fällen ist es den Eltern unserer Schüler/innen möglich,
den vollen Betrag aufzubringen.
Hinzu kommt noch, daß die Zuschüsse staatlicher Stellen in den letzten Jahren
entweder nicht der allgemeinen Preisentwicklung angepaßt wurden oder sogar -
und das ist häufiger der Fall - gekürzt oder ganz abgeschafft wurden.
Diese Zuschüsse waren auch schon bisher nicht sehr hoch, aber sie haben
es uns ermöglicht, in Einzelfällen helfend einzugreifen.
Da uns diese Möglichkeit praktisch nicht mehr gegeben ist, wir aber dennoch **allen**
Schüler/innen eine unbeschwerte Teilnahme am Schullandheimaufenthalt ermöglichen
wollen, bitten wir Sie hiermit herzlich und freundlich um eine Spende.

Auf Wunsch stellt Ihnen unsere Schule natürlich gern eine Spendenbescheinigung aus.

Bitte überweisen Sie den Betrag, den Sie erübrigen können, auf das Konto
der Klasse:

      Kontonummer: _____

      bei: _____

      BLZ: _____

Bitte teilen Sie uns gegebenenfalls auf Ihrer Überweisung mit, wenn Sie in dem
Zeitungsbericht, den wir über unseren Schullandheimaufenthalt verfassen werden,
nicht als Spender genannt werden wollen.

Für Ihre Hilfe bedanken wir uns herzlich
und grüßen Sie freundlich

(Unterschrift)

Geschäftsbriefe schreiben

Als der Lehrer Walter Stinkfuß seinen Schülern vorschlug, ins Schullandheim zu fahren, waren alle begeistert. Als er fragte, ob sie alle dabei helfen wollten, schrien alle: „Jaaaa!!!"; als er weiter fragte, wer denn jetzt wirklich einen Brief an die Stadtverwaltung, an die Jugendherberge, an den Fremdenverkehrsverband, an die Zeitung und an die Bildstelle schreiben würde, da riefen alle:

„Tja", sagte dann der Lehrer Stankfuß, „dann wird es wohl leider nichts mit unserem Schullandheimaufenthalt" und machte ein trauriges Gesicht.

Da meldete sich Marianne Zimmer und meinte: „Ich würde gern einen Brief schreiben, aber ich weiß nicht wie ..."
„So geht es uns auch", riefen die anderen Schüler/innen, „helfen Sie uns, Herr Stunkfuß!"
Und Herr Stonkfuß ging an die Tafel und erklärte:
Ein Geschäftsbrief muß so aufgebaut sein, daß er alle wichtigen Angaben enthält: den Absender mit genauer Anschrift, die Adresse des Empfängers, den Grund des Schreibens und alle Informationen, die zur Beantwortung des Schreibens nötig sind.
Und dann teilte Lehrer Stenkfuß einen Beispielsbrief aus von dem Schüler Fridolin Sumpf aus der Klasse 8b der Erik-Roeder-Schule in D–77839 Lichtenau:

Der Name des **Absenders** kommt links oben auf das Blatt, rechts oben seine Anschrift mit der Telefonnummer. Dabei muß man darauf achten, daß der Name immer in der Reihenfolge Vorname - Nachname geschrieben wird.
Also nicht Stinkfuß, Walter, sondern immer nur: Walter Stinkfuß.

Dann läßt man ein paar Zeilen frei und schreibt auf die linke Seite die Adresse des Empfängers. Wenn man nicht die genaue Anschrift kennt, dann kann man bei großen Firmen und Behörden auch einfach „Postfach" schreiben statt der Straße. Auf die jeweilige Postleitzahl achten!
Zwischen der Straße (oder dem Postfach) und dem Namen der Stadt muß man eine Leerzeile freilassen. Vor dem Namen der Stadt muß die Postleitzahl stehen. Ganz rechts kommt dann das Datum des Tages hin, an dem der Brief geschrieben (und abgeschickt) wurde, in unserem Beispiel also am 30.3.1994.
Nach weiteren 2 - 3 Leerzeilen folgt das sogenannte **Betrifft**, das in der Regel als „Betr.:" abgekürzt wird. Dahinter schreibt man so kurz wie möglich, um was es in diesem Brief geht. Beim Bundestag treffen nämlich jeden Tag Hunderte von Briefen ein. Die meisten werden dann an einer Stelle geöffnet und vorsortiert. Die Leute, die den Brief öffnen, müssen dann nur das „Betr.:" lesen und wissen dann, wohin mit dem Brief. Man kann das Betr. auch weglassen, dafür diese Zeile dann fettschreiben.
Nach dem „Betrifft" folgt dann die **Anrede**: „Sehr geehrte Damen und Herren," wobei nach „Herren" ein Komma folgt. Deswegen geht es dann auch klein weiter: „unsere Klasse ...."
Früher hat man nach „Herren" ein Ausrufezeichen gemacht, aber das ist überholt.
Jetzt kommt der eigentliche Brief. In ihm muß alles stehen, was der/die Empfänger/in wissen muß, damit er/sie ihn ausreichend beantworten kann. In unserem Beispiel:

Wer möchte etwas?
Der Schüler Fridolin Sumpf im Auftrag der Klasse 8a.
Was will er?
Mit seiner Klasse den Bundestag besichtigen, ein Gespräch mit einer/einem Abgeordneten, Informationsmaterialien und Filmempfehlungen.
Was braucht er?
Informationsmaterial für 32 Schüler/innen und 2 Begleitpersonen.
Wohin sollen die Sachen geschickt werden?
An die Schuladresse zu Händen des Schülers („zu Händen" bedeutet, daß diese Materialien der genannten Person „ausgehändigt" werden müssen.)

Zum Schluß bedankt sich der Schreiber des Briefes und unterschreibt handschriftlich, in der Regel mit der Grußformel
Mit freundlichen Grüßen

„So, und nun alle an die Arbeit!" rief Walter Stinkfuß - und alle machten mit.

Erik-Roeder-Schule

Fridolin Sumpf
Klasse 8b

D-77839 Lichtenau-Grün
Englischer Garten 69
Telefon (07227) 95 88-0
Telefax (07227) 95 88 95

An die
Verwaltung des
Deutschen Bundestags
Görresstr. 15

53179 Bonn

D-77839 Lichtenau, 30.3.1994

Betr.: Besuch unserer Schulklasse im Bundestag

Sehr geehrte Damen und Herren,

unsere Klasse führt in der Zeit vom 13.5.1995 bis 25.5.1995 einen Schullandheimaufenthalt im Jugendgästehaus Antje Vollmer in der Friedrich-Ebert-Allee 120 in Bonn durch.

Meine Mitschüler/innen haben mich beauftragt, während dieser Zeit einen Besuch unserer Klasse im Bundestag vorzubereiten.

Unsere Klasse besteht aus insgesamt 15 Schülern und 17 Schülerinnen, also insgesamt 32 Personen.
Wir werden von unserem Klassenlehrer, Herrn Dieter Spitz und von unserer Englischlehrerin, Frau Franziska Altini, begleitet.
Wir Schüler und Schülerinnen sind im Durchschnitt 13 Jahre alt.

Wir würden gerne eine Besichtigung des Bundestages durchführen und würden uns auch über ein Gespräch mit einem/einer Abgeordneten aus unserer Gegend freuen.

Wenn es Ihnen möglich ist, so senden Sie uns doch bitte einen Klassensatz von Informationsmaterial zu.
Gibt es bei den Bildstellen Filme, die wir zur Vorbereitung ansehen könnten? Können Sie uns dabei einen besonders empfehlen?

Bitte senden Sie die Unterlagen an die oben angegebene Anschrift zu meinen Händen.

Ich bedanke mich, auch im Namen meiner Klasse, für Ihre Hilfe und grüße Sie freundlich,

Fridolin Sumpf

(Fridolin Sumpf)

Steckbriefe

Hallo, liebe Freunde,

wir werden ja bald bei Euch sein und freuen uns schon sehr auf alles:
Auf Eure komische Sprache, auf unsere Disco, auf die gemeinsamen Ausflüge,
auf die schönen Frauen und rassigen Männer, die Eure Klasse hoffentlich zu bieten hat.

Wir haben jedenfalls schon angefangen, uns die Hälse zu waschen und werden bis zum Abfahrtstag wohl auch bis zu den Füßen kommen. Das hofft jedenfalls unsere Klassenlehrerin, weil sie sich nicht mit uns blamieren möchte.
Nun wollen wir's abwarten.

Dann haben wir noch eine große Bitte an Euch. Wie Ihr seht, haben wir von jedem von uns einen Steckbrief ausgefüllt (mit Bild!!!). Diese Steckbriefe sollt Ihr im Klassenzimmer aufhängen und Euch dann jeder einen Brieffreund oder eine Brieffreundin aussuchen (aber bitte nicht drängeln! Wir sind alle schön und gescheit!)
Und: Wir haben Euch auch einen Haufen unausgefüllter Steckbriefe beigelegt. Die müßt Ihr nun wieder ausfüllen und uns so schnell wie möglich zurückschicken. Auch Euer Klassenlehrer soll einen ausfüllen. Von unserem Klassenlehrer haben wir hier das Foto:

Wie man sieht, ist sie schon völlig sauber und muß nicht mehr in die Badewanne.

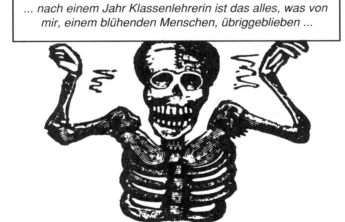

... nach einem Jahr Klassenlehrerin ist das alles, was von mir, einem blühenden Menschen, übriggeblieben ...

Eure Steckbriefe werden wir übrigens alle an unsere „Info-Wand" hängen.
Wir haben im Klassenzimmer eine Wand ganz mit Packpapier tapeziert. Dort hängt schon Euer Stadtplan. Und jeden Montag bekommen wir die Wochenendausgabe von Eurer Zeitung. Die wichtigsten Artikel schneiden wir aus und hängen Sie auch an die Info-Wand.

Wir haben schon einen ganz guten Überblick bekommen über das, was Euer Städtchen zu bieten hat - wir hoffen, das ist nicht alles, denn sonst könnten wir gleich hier bei uns bleiben.
Also: Wir wünschen uns eine Stadtrundfahrt bei Nacht, einen aufregenden Spaziergang mit Eurem Klassenlehrer, ein gemeinsames Fußballspiel (Ihr müßt uns hinterher eine Runde Cola spendieren - das müssen die Verlierer immer für die Sieger machen!) und noch vieles mehr!!!
Und füllt, bitte, bitte, die Steckbriefe ehrlich aus - das haben wir auch gemacht. Also an die Arbeit! Wir sind schon ganz irrsinnig neugierig auf Eure traurigen Gesichter, auf die Rechtschreibfehler, den miesen Geschmack und so weiter ...

Eure

Mein Steckbrief

Paßbild

Name: _____ Vorname: _____

Straße: _____

Wohnort: _____

Geburtstag: _____ Telefon: _____

Mädchen: ❏   Junge ❏   weiß noch nicht ❏

Haarfarbe: _____ Augenfarbe: _____

Hautfarbe: _____ Nagelfarbe: _____

Schuhgröße: _____ Nasenlänge: _____

FIGUR: schlank ❏   mollig ❏   angenehm rund ❏   klapperdürr ❏   schön ❏

AUSSEHEN: üblich ❏   toll ❏   mittelprächtig ❏   gruselig ❏   irre ❏

Ich habe noch ____ Geschwister mit Namen: _____

Mein Lieblingsessen: _____

Mein/e Lieblingspolitiker/in: _____

Mein/e Lieblingsschauspieler/in: _____

Meine Lieblingsgruppe: _____

Mein Liebling: _____

Mein Vater wiegt: ____ kg. Meine Mutter ist ____ cm groß.

Mein Berufswunsch: _____

Meine Hobbies: _____

Meine Lieblingspartei: _____

Meine liebste Fernsehserie: _____

Mein liebstes Computerspiel: _____

Was ich gar nicht mag: _____

Ich halte Lehrer/innen im allgemeinen für   dick ❏   geizig ❏   faul ❏   freundlich ❏

Ich finde Weihnachten   langweilig ❏   aufregend ❏   sättigend ❏   zu oft ❏

Was es sonst noch von mir zu erzählen gibt: _____

Hausordnung

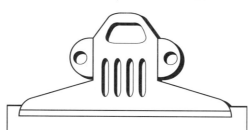

Allgemeine & gerechte Hausordnung

§ 1 Wer vögelt, fliegt!

§ 2 Wer raucht, stinkt!

§ 3 Wer trinkt, schwankt!

§ 4 Der Lehrer hat recht

Auch mit dem Stoffverteilungsplan im Nacken sollten Sie sich einmal ausführlich mit Ihrer Klasse zusammensetzen und sich den Punkt 20 unserer Checkliste vorknöpfen - also die Regeln besprechen, die im Schullandheim gelten sollen. Es muß dabei nicht gleich um nächtliche Besucher der Knaben im Mädchentrakt gehen, es genügt schon die Einteilung zum Küchendienst, denn: eine Hausordnung abstrakt aufzustellen - das ist leicht. Allerdings hilft sie dann im konkreten Fall meistens nicht viel.

Sinnvoller ist es, sich **jeweils in bestimmte Situationen hineinzuversetzen,** aus denen heraus dann Verhaltensregeln entwickelt werden können, die auch einhaltbar sind.

Aber: Sie sollten sich schon **vor** dem Gespräch mit der Klasse genau überlegen, welchen Freiraum Sie den Schülern und Schülerinnen zur Verfügung stellen möchten.

Die Faustregel „am Anfang die Zügel straffen und dann langsam wieder locker lassen" ist ebenso platt wie bewährt.

Dazu ein Beispiel: Als wir bei unserem vorletzten Aufenthalt in Cuxhaven abends ankamen, machen wir gleich einen Spaziergang ans Meer. Wir wollten unseren Schüler nach dem niederschmetternden Eindruck des Schullandheims - wir hatten es nämlich leider nicht vorher besichtigt - wenigstens eine kleine Freude machen. Als wir am Strand ankamen, war gerade beginnende Ebbe. Und ehe wir uns auch nur umsehen konnten, hatten sich die Schüler/innen Schuhe und Strümpfe ausgezogen und stürmten ins Wasser, schmissen sich gegenseitig um, lachten, prusteten, juchzten und tobten und wateten glücklich und völlig durchnäßt wieder an den Strand ...

Wir schimpften pflichtschuldig und waren heilfroh, daß das einigermaßen glimpflich abgegangen war. Als wir am nächsten Morgen den Strandplan näher ansahen, stellten wir fest, daß ein paar Meter weiter das ausgebaggerte Meerwasserschwimmbecken begann.

Wir haben uns ausgemalt, was da hätte alles passieren können, ein bißchen mit den Zähnen geklappert und unsere Verhaltensregeln erst einmal wieder verschärft - zum Unmut der Schüler/innen. Hätten wir **vorher** solche Probleme angesprochen, dann hätten wir den Unmut auch rechtzeitig auffangen können und wären gar nicht erst in eine solche Situation gekommen.

Natürlich können Sie nicht alle Eventualitäten einkalkulieren - Sie würden damit sich und den Schülern und Schülerinnen den Aufenthalt unmöglich machen.

Aber Sie sollten Ihre Lage als Lehrer/in rechtzeitig deutlich machen: In den Amtsblättern der Kultusministerien oder in den Broschüren der Gewerkschaften und Lehrerorganisationen finden Sie genügend Gerichtsentscheidungen, mit denen Sie den Schülern und Schülerinnen Ihre juristisch schwierige Position erklären können. Manchmal sind die Urteile übertrieben - weil sie unseren pädagogischen Rahmen unzulässig einschränken. Verständlich werden aber einige, wenn Sie sich in die Lage der Eltern versetzen, die eine Garantie dafür haben möchten, daß ihr Kind gesund zurückkommt - und diesen Standpunkt können Sie sicher auch in der Klasse verdeutlichen.

Das ist die eine Seite. Die andere ist die, daß mit zu eng gezogenen Vorschriften die Freude der Schüler am Aufenthalt wieder kaputt gemacht werden kann.

Sie können natürlich den zu erwartenden Unmut auch kanalisieren und zum Beispiel eine Art von „Schülergericht" einführen: Bei Verstößen gegen die erarbeitete Hausordnung tritt ein Schülerrat zusammen. Ein solches Vorgehen erfordert ein großes Fingerspitzengefühl bei Ihnen, denn Sie müssen die Grenzen ziehen zwischen einerseits oft überhöhtem Strafanspruch der Schüler/innen und dem Zugestehen größerer Freizügigkeit andererseits, die Sie vielleicht nicht mehr verantworten können.

Es gibt aber Fälle, in denen die Einschaltung eines Schülergerichts fruchtbar sein kann:

Nehmen Sie einmal an, Sie erwischen nachts um eins einen Jungen in einem Mädchenzimmer. Nach der vielleicht vorher vereinbarten Regel müßte der Junge (und vielleicht auch das Mädchen) nach Hause geschickt werden. Es stellt sich zweifelsfrei heraus, daß beide zu der Gruppe gehören, die am nächsten Morgen die Fußgängerrallye organisiert. Dem Knaben ist gerade ein neues Hindernis eingefallen, das noch eingebaut werden könnte - und nun wollte er es eben noch schnell besprechen. - Wie verhalten Sie sich? Lassen Sie den Jungen weiter am Aufenthalt teilnehmen, dann kann es Ihnen passieren, daß beim nächsten Mal wieder ein ähnlicher Grund für den nächtlichen Besuch genannt wird - auch wenn es dieses Mal dann nicht der Fall war. Sicher, der Kerl hat gegen eine der grundlegenden Regeln verstoßen. Andererseits hat er das seinem selbstverständlichen Bedürfnis untergeordnet, das Spiel des nächsten Tages noch besser zu gestalten und ist auch gar nicht auf die Idee gekommen, daß er damit etwas „Schlimmes" anstellen würde.

Schullandheim & Gruppenfahrt: Hausordnung

Wenn Sie jetzt den Schülerrat einberufen und ein entsprechendes Brimborium drumherum inszenieren, dann erreichen Sie damit Zweierlei:

1. Sie können Ihre Situation noch einmal an einem wirklich konkreten Beispiel verdeutlichen, auf die Ängste der Eltern und die Ihnen drohenden Disziplinarmaßnahmen hinweisen.
2. Sie beziehen die gesamte Klasse in die Verantwortung mit ein. Erst jetzt sind viele Schüler (aus verschiedenen Gründen) in der Lage, die Diskussion ernst zu nehmen. Durch ihr Votum binden sie sich selbst. In Zukunft würde ein Besuch im Mädchenzimmer mit Sicherheit zum Ausschluß vom Aufenthalt führen, aber auch von den Schülern insgesamt akzeptiert.

Es könnte sich also im ersten Fall die Lösung ergeben, daß der Schülerrat eine Maßnahme beschließt, die allen Schülern die weitere Teilnahme am Aufenthalt ermöglicht und Ihnen hilft, das Gesicht zu wahren (als Maßnahme denkbar und auch sinnvoll wäre zum Beispiel der Auftrag an die betroffenen Schüler, einen ausführlichen Bericht über den Vorfall zu schreiben - mit allem Drum und Dran, also auch der Verhandlung des Schülerrats - eventuell kann man sogar eine Zusammenfassung eines Tonbandprotokolls anfertigen und diese für den Elternabend nach dem Aufenthalt vervielfältigen).

Worauf Sie besonders achten sollten: Lassen Sie sich nicht zu schnell auf eine programmierte Eskalation ein, aus der Sie dann nur schwer wieder aussteigen können. Manchmal kann es auch durchaus sinnvoll sein, 10,- DM für ein längeres Telefongespräch mit den Eltern zu opfern - oder auch mit dem Elternbeiratsvorsitzenden „unter der Hand" zu sprechen - den brauchen Sie nämlich dann, wenn ein Teil der Eltern mit Ihrer Entscheidung nicht zufrieden ist - und wenn Sie den Elternbeiratsvorsitzenden um seinen Rat gefragt haben (der manchmal ganz erstaunlich vernünftig sein kann), dann kann man Ihnen keinen Vorwurf machen.

Wir haben immer eine ganz gute Erfahrung damit gemacht, wenn wir uns ganz bewußt in die Rolle der Eltern hineingedacht - und unsere eigenen Kinder in der Rolle der „Übeltäter" gesehen haben ...
In der Regel werden Sie sich ja mit nichtigeren Problemen herumzuschlagen haben, was geschieht mit den Schülern, die nach der Bettruhe noch auf den Gängen herumgeistern, in den Zimmern Radio hören, nicht pünktlich vom Ausgang zurückkommen oder sich vorm Spülen drücken usw. .

Da Sie die genauen Verhältnisse des Heimes vorher nicht kennen, haben wir Ihnen in den Anmerkungen zur Checkliste vorgeschlagen, die Hausordnung in zwei Etappen zu erstellen, also eine allgemein gehaltene Form noch in den Wochen davor zu beschließen und sie dann im Heim der konkreten Situation anzupassen. Sie sollten dazu die Herbergseltern zu einem kleinen Vortrag bitten. Das hat einen doppelten Vorteil: Diese fühlen sich ernstgenommen (und haben oft auch durchaus Bedenkenswertes mitzuteilen), und die Schüler verlieren ihre allzu großen Erwartungen, die sie mit dem Schullandheimaufenthalt als dem kleinen „Reich der Freiheit" verbinden - ohne alles gleich Ihnen zur Last zu legen.

Auch hier wieder der Kurzhinweis auf das Schülerfahrtenbuch: Auf Seite 12 stehen einige allgemeine Grundregeln, auf Seite 13 folgen die konkreten Ergänzungen handschriftlich durch die Schüler selbst.
Das soll nun auch nicht heißen, daß nun alle Wünsche der Herbergseltern unbedingt erfüllt werden müssen - werden sie aber prinzipiell ernst genommen, so sind Herbergseltern erstaunlich oft bereit, pragmatisch zu reagieren - und entdecken in ihrem Herzen eine pädagogische Ecke, die ihnen die Routine und der Ärger bisher verschlossen hatten.

Geraten Sie aber an Herbergseltern, die nur darauf aus sind, ein möglichst bequemes Leben zu haben und damit möglichst viel zu verdienen (das gibt es auch), dann stellen Sie sich auf die Hinterbeine.
Und bewirkt das Wort allein das nicht, dann sollten Sie einen Mängelbericht an die Dachorganisation schicken, den Sie möglichst auch noch von weiteren erwachsenen Gästen der Jugendherberge mitunterzeichnen lassen. Die Kolleg/innen, die nach Ihnen kommen, werden es Ihnen danken (und Sie freuen sich über die Kolleg/innen, die das vor Ihnen gemacht haben).

Zum Schluß noch ein Tip aus der Praxis:

Als sehr wirkungsvoll hat sich einmal folgende Vorgehensweise erwiesen: Wir kamen mit der Klasse in ein recht angegammeltes Heim. Die größte Katastrophe waren die Toiletten, fünf an der Zahl.
Ich hab mir einen großen Eimer gepackt, flüssige Scheuermittel, Kratzbürsten und einen tiefen Schluck aus der Flasche für Notfälle. Und habe - unter den Augen aller Schüler ein Klo nach dem anderen wieder zum Blinken gebracht.
Und dann hielt ich den Schülern mit krummen Rücken folgenden Vortrag:
„Ihr habt jetzt alle gesehen, wie man ein Klo richtig putzt. Auch unterm Rand, auch unten im Siphon. Die Klos sind jetzt sauber. Wenn sie wieder schmutzig werden, dann nur von Euch. Und wer von Euch gegen die Hausordnung verstößt, der wird zum Kloputzen verdonnert."
Die Gesichter wurden blaß, und die Disziplin war hervorragend. Und: das wurde allgemein akzeptiert.
Es ist ja auch wirklich nicht einzusehen, daß man glaubt, der Herbergsmutter oder den Putzmännern es zuzumuten zu können, die Scheiße anderer wegzuwischen.
Und, da ich auch gezeigt hatte, daß ich mir nicht zu schade für diese Arbeit war, hatte ich auch argumentativ einen guten Stand.
Allerdings: leicht ist mir das auch nicht gefallen. Aber schließlich ist es schon ein Erlebnis, wenn wir Lehrer uns auch einmal die Finger schmutzig machen.
Viel Spaß beim Nachmachen!

Haus- und Verhaltensordnung

Nicht alle Probleme lassen sich mit einer Hausordnung beheben, schon gar nicht, wenn es um Herzensdinge geht, die sich im Schullandheim besonders gern anhäufen. Anders dagegen ist es, wenn es um Knödl geht:

Schließlich steht schon bei den 10 Geboten: „Du sollst nicht begehren Deines Nachbarn Weib, Haus, Hof und vor allem nicht seine Knödln."

Aber muß man denn das, was bereits in unserem Denken und Handeln so verankert ist, auch noch in eine Hausordnung pressen? Sind nicht alle Menschen vor Gott gleich, die Guten wie die Bösen?

Fragen über Fragen. Aber sie werden nicht beantwortet - so kommen wir also nicht weiter. Was machen wir bei unserem Schullandheimaufenthalt, wenn

- nach dreimaliger Aufforderung zur Bettruhe immer noch weitergeredet wird
- der Torsten zu spät zum Mittagessen kommt
- die Gitte in die Stadt marschiert ist, ohne sich abzumelden.
- der Patrick den Küchendienst schwänzt, und die Teller fürs Abendessen noch die eingetrocknete Spaghetti-Sauce vom Mittagessen aufweisen
- der Svenl morgens aus dem Zimmer der 5 wilden Weiber kommt
- die Angelika dem Uwe ein Loch in den Schädel geschlagen hat
- die Klasse beschlossen hat, morgen ins Wellenbad zu gehen, aber der Dieter lieber in der Jugendherberge der Lilith das Händchen halten will
- trotz Rauchverbot der Ingo auf dem Klo pafft
- einer die Ansprache des Bundeskanzlers in der Hauptstadt Berlin sehen will, die anderen lieber Dallas ansehen wollen

Ja, was machen wir dann, Ihr Lieben?

Dann müssen wir uns eben eine Hausordnung geben. Eine, die auch die Lehrer zufriedenstellt und die Herbergseltern, eine, die man auch den Eltern einmal in die Hand drücken kann mit den Worten: „So könnten wir es doch zu Hause auch einmal machen? Warum müssen wir immer Fußball angucken, wenn doch keiner Lust dazu hat und im andern Programm die Hobbythek kommt?"

Wir haben hier unten zur ersten Übung eine Hausordnung zusammengestellt, die auch den lässigsten Schüler zufriedenstellt - und auf dem zweiten Blatt eine Hausordnung entworfen, zusammen mit den Schülern, mit denen wir in das Schullandheim gegangen sind. Die letztere Hausordnung (mit einer 8. Hauptschulklasse ausprobiert) hat sich sehr bewährt. Vielleicht findest Du aber bessere Vorschläge. Vor allem solltet Ihr Euch überlegen, wer dafür sorgt, daß sich auch alle an die Hausordnung halten. Und was mit denen geschehen soll, die sich nicht daran halten. Sollen die ein Pfand abgeben oder einen Tag Küchendienst machen oder ein Stück aufführen? Und wer soll darüber entscheiden? Die Lehrer? Oder alle Schüler und Schülerinnen? Oder alle zusammen? Oder nur ein Schülerausschuß?

Also - seht Euch unsere Hausordnung an und verbessert sie so, daß auch Ihr damit zufrieden ins Schullandheim gehen könnt, daß Eurer Lehrerin die letzten Haare nicht grau werden und Eure Eltern Euch ohne allzu große Sorgen ziehen lassen können.

Haus- und Verhaltensordnung - 1. Versuch*

1. Zeige schon während der Busfahrt, daß dir das ganze Unternehmen zum Hals raushängt.
2. Dusche nie, das zeigt den anderen, daß du Anspruch auf ein Einzelzimmer hast.
3. Müll ist etwas, das sich mit der Zeit festtritt.
4. Küchendienst ist etwas für Einschmeichler, aber nicht für selbständige Typen wie du.
5. Pinkeln ist eine sportliche Angelegenheit, und daß die Decke nicht gekachelt ist, ist nicht deine Schuld.
6. Nur kaputte Typen sind pünktlich. Auf wertvolle Menschen wartet man gern.
7. Vesper für unterwegs schmeckt nur sofort. Außerdem mußt du dann weniger tragen und kannst bei den anderen schnorren gehn.
8. An deinen Körper lasse immer nur deine Socken und deine Unterhose. Ein Wechsel ist unnötig und Waschmittel verschmutzen eh nur die Umwelt.
9. Essen ist Sport. Deinen Tischnachbarn darf man es ruhig ansehen, wenn du Spaghetti Bolognese gegessen hast.
10. Rülpsen & Furzen war schon im Mittelalter in. Wenn du es geschickt anstellst, kannst du beides zugleich und bekommst standing ovations.
11. Bei Wanderungen erklärt man zu Beginn, daß Wandern von allem das Allerletzte sei, nach weiteren zehn Minuten frage, wann endlich die erste Pause komme und danach im 5-Minuten-Rhythmus, wie viele Kilometer man noch gehen müsse. Da kommt Freude auf.
12. _____

*Quelle: überarbeitete Version einer an Schulen kursierenden Kopie ohne Autorenhinweis. War bei unseren Schülern sehr beliebt.

Allgemeine, gleiche und gerechte
- von den Schülern mitbeschlossene -

Haus- und Verhaltensordnung

Warnung: Verstöße kommen vor den Schülerrat!

1. Im Haus darf nicht geraucht werden. Beim Rauchen außerhalb des Hauses müssen die Zigarettenstummel in die Metalleimer geworfen werden.

2. Alkohol (auch Bier) darf nur in Anwesenheit und mit Genehmigung des Lehrers/der Lehrerin getrunken werden.

3. Veränderung im Zimmer (Poster an den Wänden usw.) dürfen nur mit Genehmigung der Herbergseltern vorgenommen werden.

4. Wenn jemand etwas beschädigt hat, muß er/sie das gleich dem Klassenlehrer/der Klassenlehrerin melden.

5. Mit Beginn der Nachtruhe darf nur noch geflüstert werden. Besuche in anderen Zimmern sind dann verboten.

6. Beim Fernsehen gilt nicht das Recht des Stärkeren. Über das Programm wird allabendlich abgestimmt, sofern nicht andere Klassenveranstaltungen vorgesehen sind.

7. Wir beginnen und beenden die Mahlzeiten gemeinsam. Es fängt also keiner zu essen an, wenn noch nicht zum Essen gerufen wurde, und es verläßt keiner den Eßraum, solange noch nicht der weitere Tagesablauf und die anstehenden Fragen besprochen sind.

8. Jeden Tag berät die Klasse nach dem Abendessen alle Probleme, die tagsüber aufgetreten sind. Sie beschließt auch, was mit den Schülern oder Schülerinnen geschehen soll, die gegen die Hausordnung verstoßen haben. Auf Wunsch der Klasse wird als Schiedsgericht ein Schülerrat aufgestellt.

9. Wenn die Klasse etwas mit Mehrheit beschlossen hat, müssen sich alle daran halten.
Vor dem Beschluß müssen die ihre Meinung sagen können, die einen anderen Vorschlag haben.

10. Für Jungen und Mädchen gelten gleiche Rechte und Pflichten.

11. Schlagen und Beleidigen ist verboten.

12. Die Schüler/innen, die an einem Tag Küchendienst haben, sollen am Abend den Schülern, die am nächsten Tag Dienst haben, alles Wichtige erklären.

13. Private Geräte von Schülern und Lehrern (Radio, Fotoapparat, Fernglas, Kassettenrecorder usw.) dürfen nur mit Einverständnis des Besitzers benutzt werden.

14. Alle Schüler nehmen an den gemeinsamen Veranstaltungen teil.

15. Wenn die Klasse gemeinsam unterwegs ist, müssen alle in Rufweite bleiben.

16. Bei Vorzugsplätzen (Bus, Eßsaal) sollen sich die Schüler/innen abwechseln.

17. Wenn jemand etwas außerhalb des Schullandheimes zu erledigen hat, oder wenn er sich unterwegs kurz von der Klasse entfernen will (aufs WC oder zum Eisholen) muß er sich jedesmal bei dem/der Klassenlehrer/in persönlich ab- und nach der Rückkehr wieder anmelden.

Schullandheimaufenthalt vom . . bis zum . .

Liebe Eltern,
auf dieser und der folgenden Seite finden Sie alles Wissenswerte über den geplanten Schullandheimaufenthalt Ihres Kindes.
Bitte lesen Sie sich alles sorgfältig durch und geben Sie das **Merkblatt 2** ausgefüllt möglichst rasch Ihrem Sohn/Ihrer Tocher wieder mit.
Wenn Sie über die hier angesprochenen Fragen hinaus noch weitere Informationen benötigen, so können Sie mich entweder vormittags in der Schule unter der Nummer .... oder nachmittags privat unter der Nummer .... erreichen.

1. Unser Schullandheim

Anschrift: ....

Telefon: ....

Kurzbeschreibung: ....
....

2. Abfahrt und Ankunft

Abfahrt:	**Ankunft:**
Datum:	Datum: ....
Uhrzeit:	Uhrzeit: ....
Ort:	Ort: ....
Bemerkung:	Bemerkung: ....

Bitte geben Sie Ihrem Kind für die Hinfahrt Proviant mit.

3. Versicherungen

a) Krankenversicherung
Bitte besorgen Sie sich rechtzeitig einen Krankenschein für Ihr Kind (auch der Überweisungsschein reicht), den Sie ihm vorsichtshalber mitgeben. Falls Sie privat versichert sind, so teilen Sie mir auf Blatt 2 bitte Namen und Anschrift der Versicherung mit.

b) Haftpflichtversicherung
Sollten Sie für Ihre Familie noch keine Haftpflichtversicherung abgeschlossen haben, so sollten Sie dies spätestens zu Beginn des Aufenthaltes Ihres Kindes tun.
Die Familienhaftpflichtversicherung umfaßt auch die Haftpflicht für alle Ihre Kinder.

c) Unfallversicherung
Der gesetzliche Unfallversicherungsschutz der Schüler gilt auch während unseres Schullandheimaufenthaltes. Zusätzlich wird Ihr Kind von der Schule aus mit einer Schülerzusatzversicherung bei ....versichert.

Hierfür werden pro Schüler DM .... mit den übrigen Kosten abgerechnet.

4. Zuschußmöglichkeiten und Beihilfen
Zuschußmöglichkeiten und Beihilfen zu den Kosten des Schullandheimaufenthaltes bestehen in der Regel überall dort, wo auch sonst Zuschüsse zum Lebensunterhalt gezahlt werden (Bafög, BVG, Sozialamt, Waise usw.). Wenn Sie aber hierbei oder darüber hinaus Schwierigkeiten haben, die Fahrt zu finanzieren, werde ich versuchen, auch in schwirigen Fällen Zuschüsse zu erhalten. Bitte wenden Sie sich in einem solchen Fall vertrauensvoll an mich.

5. Taschengeld
Wir hatten uns auf dem Elternabend auf ein festes Taschengeld geeinigt in Höhe von .... DM. Bitte geben Sie Ihrem Kind auch nur diesen Betrag mit und verzichten Sie darauf, Ihrem Kind während des Aufenthaltes „Freßpakete" oder Geld zu schicken.

Schullandheim & Gruppenfahrt: Merkblatt 1 Fortsetzung

6. Kosten des Aufenthaltes

Wie auf dem Elternabend ja schon ausführlich besprochen, betragen die Gesamtkosten für **Fahrt, Unterkunft, Verpflegung und Taschengeld** DM.................... .
Hiervon entfallen auf das Taschengeld DM................., auf Verpflegung (bei .... Mahlzeiten am Tag) DM..........., auf die Hin- und Rückfahrt DM..............., auf Ausflugsfahrten DM............... und auf die Nebenkosten für .... DM...........
Selbstverständlich erhalten Sie nach Abschluß unseres Aufenthaltes eine genaue Abrechnung über alle entstandenen Kosten.

7. Was Ihr Kind alles mitnehmen soll!

Nehmen Sie bitte beim Kofferpacken diese Liste zur Hand und haken Sie alles entsprechend ab. Die Wäsche kann immer mal wieder von Hand gewaschen werden. Deswegen ist es auch unnötig, allzuviele Sachen mitzunehmen.

1. Krankenschein ❏
2. Impfpaß ❏
3. Telefonnummern der Eltern/Verwandten (Vorwahl!) ❏
4. Ausweis/Kinderpaß ❏
5. Medikamente / Pillen ❏
6. 2 Decken im Bettbezug oder ein sauberer warmer Schlafsack ❏
7. 1 Bettuch (normale Länge) ❏
8. 1 Kopfkissen mit Bezug ❏
9. normale Oberbekleidung mit Wechsel (Jeans, Rock, Bluse, Hemd usw.) ❏
10. 1 Pullover ❏
11. 1 Paar Wanderschuhe ❏
12. 1 Paar Hausschuhe ❏
13. 2-3 Garnituren Unterwäsche ❏
14. 2-3 Paar Strümpfe ❏
15. 4-5 Wäscheklammern ❏
16. Regenbekleidung (Anorak oder ähnliches) ❏
17. Turnzeug ❏
18. 3-4 Kleiderbügel ❏
19. Waschzeug (Waschlappen, Zahnbürste, Zahnpasta, Rasier- und Schminkzeug) ❏
20. 2 Handtücher ❏
21. Badeanzug, -mütze, -tuch, Seife ❏
22. Schlafanzug/Nachthemd ❏
23. Hautcreme (Sonnenschutz) ❏
24. Haarwaschmittel, Kamm usw. ❏
25. Papiertaschentücher ❏
26. 1-2 Spiele (Tischtennis, Federball, Karten usw.) ❏
27. DIN A4-Heft (kariert), Bleistift, Kuli ❏
28. Bücher ❏
29. Briefumschläge, Briefmarken ❏
30. Musikinstrumente, Kassettenrecorder, Radio (nur wer Lust hat) ❏
31. Liederheft ❏
32. Taschengeld ❏
33. Das Fahrtenbuch ❏
34. Taschenlampe ❏
35. Religiöse Gegenstände ❏
36. .... ❏

8. Erklärung der Erziehungsberechtigten (siehe Merkblatt 2)

Merkblatt 1 ist für Sie bestimmt, liebe Eltern. Das Merkblatt 2 brauche ich für meine Unterlagen. Bitte füllen Sie daher das Merkblatt 2 möglichst rasch aus, und geben Sie es Ihrem Sohn/Ihrer Tocher gleich wieder in die Schule mit. Wenn die Bescheinigung nicht rechtzeitig vorliegt, kann Ihr Kind nicht am Aufenthalt teilnehmen.

Damit Sie sich während des Aufenthaltes keine Sorgen zu machen brauchen, werden wir an den folgenden Terminen eine Telefonsprechstunde veranstalten:

1. Datum: .... von .... Uhr bis .... Uhr. Telefonnummer: ....

2. Datum: .... von .... Uhr bis .... Uhr. Telefonnummer: ....

Ich wünsche Ihnen alles Gute und freue mich auf unser Wiedersehen nach unserem Schullandheimaufenthalt.

    Mit freundlichen Grüßen

Öğrenciyurtgezisi .... den .... dene kadar

Sevgili veliler!

Bu saifede ve devameden saifede bilinmesi lâzımgelen çocuğunuzun öğrenciyurtgezisiyle ilgili bilgiler.

Lütfen ilgiyle okuduktan sonra **saife 2** doldurup çocuğunuzla en kısa zamanda okula gönderin.

Eğer burada adıgeçen sorulardan başka bilgiye ihtiyacınız olursa.

Ya öğlene kadar okulda Tel. Num.: .... yahutta öğlesonu evimin

Tel. Num.: .... arayabilir siniz.

1. Bizim Öğrenciyurdu

Adres: ....

Telefon: ....

Kısa açıklaması: ....

2. Kalkış ve Varış yeri

Kalkış:	Varış:
Tarihi:	Tarihi:
Saati:	Saati:
Yeri:	Yeri:
Bilgiler:	Bilgiler:

Lütfen çocuğunuzun çantasına şunları veriniz.

3. Sigortalar

a) Hastalıksigortası

Lütfen zamanvarken çocuğunuz için bir Hastalıkkartı (havale kartı da olabilir) tedarik edip, çocuğunuza verin. Eğer şahsisigortalı iseniz, 2 numaralı saifeye sigortanızın adı ve adresini yazın..

b) Mesuliyet sigortası

Eğer Ailenizin hâla bir mesuliyet sigortası yoksa, bunu engeç, çocuğunuzun geziye çıkış tarihine kadar yaptırın. Aile mesuliyet sigortası diğer çocuklarınızı da kapsar.

c) Kazasigortası

Kanunen kazasigortalı olan öğrencileri, öğrenciyurtgezisinde bu sigorta geçerlidir. Ayrıca çocuğunuz okuldan bir ögrenciyle sigorta yapılmıştır. Sigorta adı:

....

Bu sigorta için her ögrenci: .... toplanacak.

4. Öğrenciye Maddi yardımlar

Öğrenciyurt gezileri için gerekli olan maddi yardımlar da diğer yardımlarda olduğu gibi yardım kurumları tarafından ödenir (Sosyal yardımdairesi, ögrenci yardımı, burslar). Eğer bu hususta maddi sıkıntınız olursa., Gezi için zor da olsa bir yardım yolu bulurum. Bu hususta bana güvenerek başvurun.

5. Harçlık

Veliler toplantısında belirli bir miktar kararlaştırdık ....DM.

Lütfen kararlaştırdığımız bu miktarı çocuğunuza verin, ayrıca lüzumsuz yiyecek ve para gönderne işini hiç elealmayın.

6. Gezinin maloluş fiyatı

Veliler toplantısında da kararlaştırıldığı gibi,
Gidiş geliş, yatıp kalkma, yemek içmek ve cepharçlığ DM ....

Cepharçlığına düşen miktar DM ...., günlük yemek içmek (su kadar .... hergün) DM ...., gidiş geliş ücreti DM .... geziyerinden geziler DM .... ve yan giderler .... DM ....

Gayet tabi bütün gezi sonunda giderler için size tam bir fatura çıkartacağım.

7. Çocuğunuz beraberine neler alacak:

1. Hastalık fişi ☐
2. Aşı belgesi ☐
3. Evinizin ve akrabaların telefon nosu ve önrakamlar da. ☐
4. Nüfus kâğıdı ☐
5. İlaçlar, haplar ☐
6. 2 Battaniye yorgan yüzü içinde veya sıcak temiz bir uykutulumu ☐
7. 1 yatak çarşafı (normal uzunlukta) ☐
8. 1 kılıflı yastık ☐
9. Normal değiştirmek için elbise (ciins, rok, buluz, mintan, v.b.) ☐
10. 1 Kazak ☐
11. 1 çift taşlıtarla ayakkabısı ☐
12. 1 çift terlik ☐
13. 2 - 3 çift iççamaşırları ☐
14. 2 - 3 çift çorap ☐
15. 4 - 5 çamaşır mandalı ☐
16. Yağmurluk (Anorak ve benzeri) ☐
17. Sipor malzemesi ☐
18. 3 - 4 Elbise askısı ☐
19. Banyo malzemesi (Kese, Diş fırçası, Diş macunu, tıraş ve tualet malzemesi) ☐
20. 2 Havlu ☐
21. Mayo giysisi şapkası, havlu, sabun ☐
22. Pijama / gecelik ☐
23. Güneş kremi ☐
24. Saç yıkama malzemesi, tarak v.b. ☐
25. Kâğıt mendil ☐
26. 1 - 2 oyuncak (Pin pon, yelektopu, oyunkâğıdı v.b.) ☐
27. Dosya kağıdı, (kareli) defter, tükenmez, kurşun kalem ☐
28. Kitaplar ☐
29. Posta pulu, zarf ☐
30. Müzikâletleri, teyp, radyo (canı istiyen) ☐
31. Şarkı-türkü kitabı ☐
32. Cepharçlığı ☐
33. Yol plânı ☐
34. El lambası ☐
35. Dini malzeme ☐
36. .... ☐

8. Velilere açıklama (sayfa 2 e bak)

1 sayfalar sizde kalacak. Sayfa 2 ü dosyama koyacağım. Bu sebeple 2 Nolu sayfayı hemen doldurup çocuğunuzla okula gönderiniz. Eğer bu Belge tamzamanında gelmezse, çocuğunuz geziye katılamaz.
Böylece biz gezideyken, siz merak etmiyesiniz diye altdaki telefonlaşma saatlerini ayarladık.

1. Tarih .... saat .... den .... saat e kadar Telefonnumarası: ....

2. Tarih .... saat .... den .... saat e kadar Telefonnumarası: ....

Herşeyin gönlünüzce olmasını dilerken, Öğrenciyurtgezisi dönüşümüzde görüşmek üzere.

     Dostca Selamlar

Erklärung der Erziehungsberechtigten

Name: .... Vorname: .... der Erziehungsberechtigten

Adresse, Telefon: ....

....

Telefonnummern von Verwandten, Bekannten:

....

.... Mein Sohn/meine Tochter .... geb.: .... nimmt am Schullandheimaufenthalt der Klasse .... teil und zwar vom .... (Abfahrtstag) bis .... (Ankunftstag)

in..

❏ * Mein Sohn/meine Tochter benötigt aus folgenden Gründen dauernde ärztliche Behandlung:

....

❏ Er/sie ist allergisch gegen ....

❏ Er/sie ist gegen Tetanus geimpft. Die letzte Impfung erfolgte am ....

❏ Er/sie muß ständig folgende Medikamente einnehmen: ....

....

❏ Er/sie ist frei von ansteckenden Krankheiten.

❏ Er/sie kann schwimmen und darf unter Aufsicht des Lehrers/Bademeisters schwimmen.

Bei einer Erkrankung meines Kindes verpflichte ich mich, dem behandelnden Arzt umgehend einen Krankenschein zuzusenden bzw. die Behandlungskosten nach Rechnungsstellung zu begleichen.

Ich bin mit meiner Familie bei .... versichert. Name des Hauptversicherten:

.... geb.: ....

beschäftigt bei: ....

Name und Anschrift des Hausarztes (mit Telefon und Vorwahl): ....

....

Für mein Kind besteht Haftpflichtversicherung bei: ....

Ich verpflichte mich, meinen Sohn/meine Tochter innerhalb von 24 Stunden aus dem Schullandheim abzuholen, falls dies aus gesundheitlichen Gründen oder aus Gründen der Disziplin nach Ansicht des Lehrers notwendig werden sollte. Falls ich nicht selbst kommen kann, bin ich damit einverstanden, daß mein Sohn/meine Tochter auf meine Kosten zu mir gebracht wird.

Ich bin damit einverstanden, daß mein Sohn/meine Tochter nach vorheriger Abmeldung beim Klassenlehrer kurzfristig (etwa zum Einkauf) und nur in Begleitung eines weiteren Schülers den Klassenverband verlassen darf und während dieser Zeit nicht der Aufsichtspflicht des Lehrers unterliegt. Mein Sohn/meine Tochter ist in dieser Zeit für seine/ihre Handlungen selbst verantwortlich.

Ich habe die beigefügten Merkblätter 1 und 2 zur Kenntnis genommen.

Ich habe die restlichen Kosten in Höhe von .... DM einbezahlt auf das angegebene

Konto: .... bei: ....

BLZ: ....

....
(Ort, Datum)   (Unterschrift der Erziehungsberechtigten)

❏ Auf dem beigelegten Blatt finden Sie weitere Hinweise für mein Kind. Bitte beachten Sie diese.

* bitte jeweils **ankreuzen**, wenn dies für Ihre Tochter / Ihren Sohn zutrifft. Andernfalls **frei lassen**.

Öğrenci Velisinin

Soyadı: .... Adı: .... Veliler

Adresi, telefonu: ....

....

Telefonnumaraları akraba ve tanıdıklar ....

oğlum/kızım .... doğumu: .... öğrenciyurtgezisine

sınıf .... katılıyor .... den (gidiş tarihi) .... (geliş tarihine) kadar

yer ....

❏ * Oğlum/Kızım aşağıdaki sebeplerden dolayı hekimkontrolünü gerektirmektedir

....

❏ Çocuğumun allerjisi ....
❏ Çocuğuma tatanoz aşısı yapıldı, son aşı tarihi ....
❏ Çocuğum devamlı şu ilaçları almak mecburiyetinde ....

....

❏ Çocuğumun hiçbir bulaşıcı hastalığı yoktur.
❏ Çocuğum yüzme bilir, yinede bir dalgıç v.b. kişi nezdinde yüzebilir. Herhangibir hastalık durumunda, kontrol eden hekime sağlık belgesi göndereceğim veya hesabı kendim ödeyeceğim.

Ailemle birlikte ....Sigortalıyım.

Sigorta sahibi ....

iş adresi ....

Ev doktorunun adı ve adresi telefonun (ön)numarasıda ....

Çocuğumun şahsi sigortası vardır ....

Çocuğumu 24 saat içinde alabilirim. Eğer bu sıhhat veya disiplin sebebiyle öğretmen tarafından öngörülürse.Eğer ben kendim gelemezsem çocuğumu masrafıyla birlikte getirilmesini kabul ediyorum.

Çocuğum geziden önce öğretmeninden izinli olarak diğer bir öğrenciyle alışvereişe çıkabilir, bu alışverişte bir öğretmenin konturolu yoksa, bu durumdan çocuğum kendisi sorumludur.

Bilgiveren 1 ve 2 saifeleri kabulediyorum.

Gerikalan hesabı ....DM verilen kontoya ödedim

Konto: .... hangibanka: ....

BLZ: ....

....
yer, tarih velinin imzası

❏ Çocuğumla ilgili diğer bilgiler ekdeki saifede, lütfen dikkate alınız.

* Eğer çocuğunuza tesadüf ediyorsa işaretleyiniz, aksi halde boş bırakınız.

Schullandheim & Gruppenfahrt: Teilnehmerliste

Nr	Name, Vorname	Teilnahme ja/nein	Erklärung der Eltern	Schwimmer ja/nein	Medikamente ja/nein	Sonstiges
1						
2						
3						
4						
5						
6						
7						
9						
10						
11						
12						
13						
14						
15						
16						
17						
18						
19						
20						
21						
22						
23						
24						
25						
26						
27						
28						
29						
30						
31						
32						
33						
34						
35						
36						
37						

Projekt Klassenbuch

Ich hoffe, ihr seht ein, daß wir ein „Klassenbuch" brauchen - ein Heft, in dem alles Wichtige und Unwichtige steht, was wir zusammen im Schullandheim erlebt haben: wie der Peter in der Raststätte aus Versehen auf die Damentoilette gerannt ist; wie der Britta die Schüssel mit der Erbsensuppe umgefallen ist und dem schönen Gerd von der Nachbargruppe die Hose versaut hat; wie der Lehrer heimlich eine Weinflasche auf sein Zimmer schmuggeln wollte und wie sie ihm aus dem Hemd gerutscht ist; oder wie wir die wilde Disco hatten ...; bei der Betriebsbesichtigung beinahe in den Marmeladenkessel gefallen sind ...; der Uli in der Ausbildungswerkstatt die Gewichte für die Wasserwaage gesucht hat und und und ...

Das alles soll aufgeschrieben werden - für uns, wenn wir alt und weise geworden in zwanzig Jahren an das Schullandheim zurückdenken, für die Eltern, damit sie wissen, warum es uns so viel Spaß gemacht hat und wofür das ganze Geld ausgegeben wurde, für die Schüler aus anderen Klassen, damit die das auch so schön oder besser machen können - für unsere „Gastschüler" als Erinnerung, weil die so freundlich zu uns waren.

Und so soll das funktionieren: Jeder Schüle, jede Schülerin muß während des Aufenthaltes zwei Mal einen kompletten Tagesbericht schreiben - vom Aufwachen bis zum Einschlafen. Mit allem Drum und dran:

- was es wann und wieviel zu essen gab und wie es geschmeckt hat
- was wir vormittags und nachmittags gemacht haben
- wie das Wetter war
- was ihr/ihm besonders gut gefallen hat
- was er/sie besonders blöd fand
- wie die Meinung der Klasse war
- was ihn/sie am meisten überrascht hat
- was man hätte besser machen können
- worüber er/sie sich am meisten gefreut hat
- und so weiter und so fort

Was jeder Schüler jeden Tag machen sollte:

Alles sammeln, was man in das „Klassenbuch" einkleben könnte:
Eintrittskarten und Postkarten; Stadtpläne, Fotos, Briefmarken, Quittungen, Lippenstiftabdrücke, Zeitungsausschnitte, Strafzettel, Streichhölzer, Liebesbriefe, 1 vollgeweintes Taschentuch, Seesterne und 1 Prise Luft.

Bei der Herstellung des Klassenbuches müssen dann zwischendrin immer wieder Stellen freigelassen werden, in die jede/r seine/ihre eigenen Erinnerungen hineinklebt. Und Beschreibungen von Spielen, die du gespielt hast, Witze, die dir gefallen haben, ein Herz, das du hoffentlich nicht gebrochen hast ...

Zu Hause geht's dann los:

Ihr müßt Euch dann überlegen:

- soll es ein Buch im DIN A4 Format werden oder besser A5.
- Sollen die Berichte handschriftlich verfaßt werden oder tippt ihr es selbst (wer hat einen Computer und kann damit schreiben? Und wer kommt an einen Tintenstrahl- oder Laserdrucker ran?)
- Sollen nur so viele Bücher gemacht werden, wie es Schüler/innen in der Klasse gibt oder sollen auch Onkel und Tanten bedacht werden?
- Sollen vielleicht sogar Bücher in der Buchhandlung verkauft werden?
- Soll die befreundete Klasse vom Schullandheim auch ein Buch bekommen? Oder jeder von den Schülern und Schülerinnen?
- Soll das Buch einen festen Einband erhalten?

Das ist der Bericht von Christian Steege, den er während seines Schullandheimaufenthaltes für unser *Schullandheim-Klassen-Tagebuch* verfaßt hat.
Du kannst Deinen Bericht natürlich auch ganz anders machen. Christian war damals Schüler der 8. Hauptschulklasse. Wir haben an seinem Bericht nur die Rechtschreibung und die Zeichensetzung korrigiert, alles andere aber unverändert gelassen.

Donnerstag, den 26.8.

Bericht von Christian Steege

Früh morgens um 6 Uhr klopfte es an die Tür, die Tür ging auf und eine laute Stimme ertönte: „Aufstehen!"

Um dreiviertel 7 fuhren wir dann fort, geradewegs zum Fischmarkt, wo wir ungefähr gegen 7 Uhr ankamen.

Nachdem wir eine Weile gewartet hatten, kam unser Führer. Als erstes wurde uns gezeigt, wie Fische zerlegt wurden und wo ihre Köpfe hinwandern. Nun ging's auf die Auktion, in eine riesige Halle mit Wannen voll Fischen. Der Gestank war zum Umfallen. Ein Mann auf einem Wagen versteigerte die Fische, in Zeitlupe ging das ungefähr so: „Zweieinviertel, einhalb, dreiviertel, drei." Nur sprach er so schnell, daß wir meinten, es sei chinesisch. Danach sollten wir einen Film sehen, wir freuten uns schon darauf, einmal zu sehen, wie Fische gefangen, eingeholt, verfrachtet, ausgeschifft und verarbeitet werden. Jedoch wurde zuerst ein langer Vortrag gehalten. Der ging gerade noch, aber der Film war der letzte Schreck. Wir mußten aufpassen, daß wir nicht dabei einschliefen. Doch unser Begleitpersonal war einsichtig, und wir gingen nach einer Weile, mitten im Film, nach Hause.

Dort wartete unser Kaffee und unsere Brötchen schon sehnsüchtig auf uns. Merete und Sieglinde hatten freiwillig auf die Fischfabrik verzichet und den Kaffee gemacht.

Das war ihr Glück.

Gegen zehn oder elf Uhr ging es weiter zum Nordostkanal, „einer der größten Schleusenanlagen Europas".

Auf dem Weg dorthin mußten wir zuerst über eine uralte Fähre. Als wir mit dem Bus draufstanden, mußten wir alle soweit wie möglich nach vorne, die Fähre saß nämlich hinten fest. Bis wir dann endlich den kleinen Fluß überquert hatten, hatten wir eine ganze Stunde vertrödelt.

An einem Imbißstand holten wir für jeden eine Portion Pommes Frites. Natürlich hatten wir noch belegte Brote dabei. Jetzt kamen nur noch drei Fähren, die jedoch moderner und besser ausgerüstet waren, zum Beispiel mit Restaurant und WC.

Als wir dann endlich um halb fünf ankamen, verteilte Frau Menze den Apfelkuchen und das Cola.

Damit wir zusehen konnten, wie die Schiffe rauf und runtergelassen werden, mußte man noch 10 Pfennig bezahlen. Als wir nun endlich vor der Schleuse standen, sahen wir eine Schleuse, die zwar groß, aber ziemlich alt war.

Danach fuhren wir auf einer anderen Strecke wieder nach Hause, diesmal waren es nur zwei Fähren. Aber bis wir endlich gegen dreiviertel neun ankamen, hatten wir 67,- DM für Fähren ausgegeben.

Wir fingen gleich an zu kochen. Frau Menze half auch mit und zeigte, wie man alles gut zubereitet, und Herr Menze bereitete den Kartoffelbrei zu. Bald danach stand das Essen auf dem Tisch, Kassler mit Sauerkraut und Kartoffelbrei.

Beim Abwasch halfen alle mit, und es kamen noch ein paar Freiwillige. So waren wir bald fertig. Wir konnten noch in Ruhe den Elvis-Film anschauen.

Um 11 Uhr war Bettruhe, nur der Küchendienst durfte noch länger aufbleiben, weil wir die ganze Zeit gearbeitet hatten. Wir tranken noch Tee und gingen dann ins Bett. Das Bett quietschte noch eine Weile, und bald schliefen wir tief und fest.

Liebe Kollegin, lieber Kollege,

Das Fahrtenbuch ist ein Projekt, zu dem Sie ja oder nein sagen können (das ist nun mal Demokratie).
Wir haben bei unseren Aufenthalten mit einer Vorform dieses Fahrtenbuches die besten Erfahrungen gemacht. Und bieten Ihnen nun die Nutzung dieser Möglichkeit in einer verbesserten Form an und haben Ihnen - wie schon mehrfach von uns lobend erwähnt - ja auch ein kostenloses Exemplar des Fahrtenbuches beigelegt.
Ja, so sind wir nun mal. Immer zu Diensten.
Aufgrund der großen Nachfrage (und der damit verbundenen Auflagenhöhe) bieten wir Ihnen nun zusätzlich die Möglichkeit, ab 10 Stück das Fahrtenbuch zu einem Stückpreis von nur 5.- DM zu erwerben (einschließlich der 3 Notgroschen, die wir Ihnen bei einer Bestellung im Klassensatz dazulegen, damit Ihre Schülerinnen die 30 Pfennig hinten in das Fahrtenbuch einkleben:
Für die wirklich wichtigen Notfälle im Leben...

ACHTUNG:
Falls Sie sich mit dem Durchlesen hier Zeit lassen wollten, weil Sie denken, daß eh alles klar ist:
Bitte lesen Sie sich vor dem Austeilen der Fahrtenbücher an Ihre Schüler/innen die Anmerkungen zu den Seiten 36 bis 39 auf der nächsten Seite durch. Jetzt gleich! Erst dann geht es hier weiter:

Und diese Möglichkeiten haben Sie mit dem Fahrtenbuch (wir gehen im folgenden - nach der sinnesträchtigen Einführung - einfach in der Reihenfolge der Seitenzahl vor und sagen Ihnen, was wir uns dabei gedacht haben. So kurz & knapp wie möglich. Damit wollen wir Ihre Phantasie als kreative Lehrerin nicht einschränken - allenfalls anstoßen).

Einführung:
Das Fahrtenbuch kann das Medium sein, das Ihren Schullandheimaufenthalt / Ihre Gruppenfahrt nachhaltig begleitet und in die Zukunft strahlt. Wenn Sie sich an unsere Hinweise halten, werden Sie Ihren Schülerinnen und Schülern ein Erinnerungsstück schaffen, das einen Ehrenplatz einnehmen wird - zwischen Zeugnissen, Ehrenurkunden, Tagebüchern, Kommunion und Konfirmation, Stickern und Postern, Liebesbriefen und Scheidungsurteilen...
Sie werden unsterblich.
Noch die Urenkel, die dann mit Computer und anderen Kommunikationsmitteln verkehren werden wie Du und ich mit dem Telefon und der Schreibmaschine - sie werden gerührt in dem altmodischen, handschriftlich geführten Fahrtenbuch nachschlagen und an Sie denken, der/die Sie Ihren damaligen Schülerinnen und Schülern einen solchen Aufenthalt ermöglicht haben. Sie werden Geschichte. Ja, doch!
Das bleibt, wenn wir längst wieder Asche zu Asche und Staub zu Staub geworden sind, und die Pensionen bis ins dritte und vierte Glied aufgebraucht sind:
Das Fahrtenbuch. Das Sie der Klasse aufgedrängt haben, die es anfangs gar nicht haben wollte. Das Sie sogar, weil der Schulleiter sich stur gestellt hatte, aus eigener Tasche bezahlt haben (muß ja nicht sein). Jedenfalls, so könnte es ein:

Seite 4: Tips zum Fahrtenbuch:
Spricht für sich selbst - und kann von den Schülerinnen auch im Alleingang bewältigt werden.

Seite 5: Meine persönlichen Angaben:
Achten Sie vor der Abfahrt darauf, daß hier auch wirklich die richtigen Daten stehen. Besonders wichtig: Die Blutgruppe, das Datum der letzten Tetanus-Impfung und die Telefonnummer des Hausarztes.
Besprechen Sie mit den Eltern die Angaben über Medikamente und Allergien, die hier hineinsollen, ohne daß es diskriminierend wirkt.

Seite 6: Wanted:
Spricht für sich selbst. Vielleicht kopieren Sie auch einfach die Steckbriefe (jeweils 4 auf ein A4-Blatt) und schicken die ausgefüllten Steckbriefe an die Parallelklasse (andererseits sind die Steckbriefe aus unserer Mappe auf Seite 30 schon aussagekräftiger).

Seite 9: Vorbereitungsaufgaben:
Wir haben Ihnen auf Seite 5 und 27 vorgeschlagen, daß die ganze Klasse in die Vorbereitungen miteinbezogen wird - hier kann nun jede/r notieren, was sie/er bis zur Abfahrt noch zu erledigen hat.

Seite 10: Unser Heim:
Notfalls kopieren Sie eine Postkarte mit dem Foto des Heims, damit alle hier eine Abbildung einkleben können und es nicht zu teuer wird (außerdem können Sie dann auf die benötigte Größe verkleinern/vergrößern). Bei *besonderen Angeboten* werden die individuellen Ausrichtungen und Angebote des Heimes eingetragen (Reiten, Segelfliegen, Waldlehrpfad, Umweltlabor).

Seite 11: Zimmerplan:
Versuchen Sie, schon in der Vorbereitungszeit einen Lageplan zu bekommen und planen Sie die Zimmereinteilung behutsam. Nichts ist grausamer als wenn ein Außenseiter in der Klasse dies auch noch unvorbereitet beim Zimmerverteilen erkennen muß.
Sichern Sie sich hier rechtzeitig Eingriffsmöglichkeiten (notfalls konstruieren Sie ein Helferteam, das in einem Ihrem Zimmer nahegelegenen Raum wohnt und in das Sie unauffällig Ihre Außenseiter integrieren; besser ist es, mit verständigen Schüler/innen unter vier Augen (beispielsweise im Rahmen der Hausbesuche), solche Fragen zu regeln).

Seite 12: Aufgepaßt, sonst...
Machen Sie aus dieser Seite ein richtiges Ritual. Die Kinder sollen hier bewußt unterschreiben und genau zur Kenntnis nehmen, was sie hier unterschreiben. Kontrollieren Sie die Einhaltung dieser Regeln in unterschiedlichen Abständen.

Seite 13: Das Wichtigste aus der Hausordnung:
Formulieren Sie das gemeinsam mit den Herbergseltern. Fragen Sie diese, welche Bestimmung ihnen am meisten am Herzen liegt. Bitten Sie die Herbergseltern, nach der Begrüßung hierauf einzugehen und

lassen Sie diese Regeln in Anwesenheit der Herbergseltern eintragen. Das erfreut deren Herzen und zeigt Ihren Kindern, daß Sie es ernst meinen.

Seite 14: Bewährte Checkliste:
Achten Sie darauf, daß im ersten Kästchen vor der Nennung das Kreuz gemacht bzw. die Anzahl der Gegenstände eingetragen wird, die mitgenommen wurden - und im zweiten Kästchen die Kontrollanzahl vor der Rückfahrt.
Die Liste ist nicht alphabetisch, sondern nach Sachgruppen und Zweckmäßigkeit zusammengestellt.
Unter *Medikamente* lassen die drei freien Linien individuelle Ergänzungen zu.

Seite 15: Unser normaler Tagesablauf:
Hier werden einmal die im Heim gängigen Zeiten eingetragen, zum andern wird einmal der notwendigen Hilfsdienste gedacht und auch an die bewährte Methode erinnert, die Mahlzeiten auch für die notwendigen Bekanntmachungen zu nutzen:
Nach dem Frühstück wird die Tagesplanung besprochen/wiederholt/geändert, nach dem Mittagessen die vielleicht noch offenen organisatorischen Fragen geklärt und nach dem Abendessen wird der abgelaufene Tag zusammengefaßt und der nächste vorbesprochen. Räumen Sie - in Absprache mit den Herbergseltern - zwischen der Bettruhe und der absoluten Ruhe ruhig noch eine halbe Stunde ein.

Seite 16 und 17: Mein Dienstplan:
Hier trägt jeder seinen eigenen Küchenplan ein. Und weil sich immer mal wieder was ändert (oder weil man tauschen will, um dem/der Liebsten durch das Spülwasser hindurch zulächeln zu können), gibt es auf Seite 17 die Möglichkeit, die Tauschdienste einzutragen.

Seite 18 bis 21: Unser Tagesplan:
Sie kennen das: Hört einer zu, kann er sich alles merken. Hören zwei zu, merken sich beide nur 60%. Hören drei zu, merkt sich keiner mehr was, weil sich jeder auf den anderen verläßt.
Deswegen: Hier werden in Stichworten die Tagespläne eingetragen. Und weil sich das Wetter und die sonstigen Verhältnisse immer mal wieder ändern, immer nur für die nächsten zwei oder drei Tage eintragen - es sei denn, es sind absolut feststehende Termine, an denen ebensowenig gerüttelt werden kann wie an den Abfahrts- und Rückfahrtstagen.
Jedenfalls: Sie haben ausreichend Platz, um alle Eventualitäten in den Griff zu bekommen - und Ihre Kinder wissen immer, wann was geplant ist.

Seite 22 bis 35: Tagesprotokolle:
Wir haben es so einfach und knapp wie möglich gemacht. Hier sollten sich auch die Kinder unbeobachtet austoben dürfen (und - pädagogischer Hintergedanke - so haben sie wenigstens eine Stichwortsammlung für die Tagesberichte für das Klassentagebuch).
Weil wir wissen, daß im Schullandheim das Essen einen ungeheuren Stellenwert hat, haben wir es an die erste Stelle genommen. Wenn Sie zu Beginn des Aufenthalts (oder schon in der Vorbereitungsphase) den Herbergseltern ein eigenes Heftchen verehren, werden die natürlich auch merken, daß ihre Kochkünste in allen ihren Variationen gefordert sind. Das kann nichts schaden.
Ansonsten werden hier alle die kleinen und großen Ereignisse notiert, die das Schullandheimleben bereichern (und - falls Sie das eine oder andere Heftchen einsehen dürfen - es gibt Ihnen auch einen ganz guten Einblick in das, was Ihren Kindern gefallen und was ihnen nicht gefallen hat. Das ist unbezahlbare Marktforschung).

Seite 36 bis 39: Info-Rallye 1 und 2:
Achtung:
Wenn Sie die Rallyes ernsthaft durchführen lassen wollen, müssen Sie verhindern, daß der eine oder die andere einen Informationsvorsprung bekommt.
Lassen Sie daher von den Schülern direkt nach dem Austeilen diese Seiten mit Tesafilm zukleben. Die Seiten dürfen dann erst unmittelbar vor der Durchführung der Rallye geöffnet werden.
Die Rallyes dienen nicht nur der spannenden Orientierung rund ums Heim, sondern entwickeln ihre Qualität wie guter Wein erst nach Jahren. Wenn man dann feststellt, wie unverantwortlich gering der Benzinpreis gestiegen und wie sehr der Goldpreis gefallen ist, von den Portokosten ganz zu schweigen.
Beide Rallyes sind prinzipiell überall einzusetzen, die Nr. 1 ist für jüngere, die Nr. 2 für ältere gedacht.

Seite 40 bis 41: Meine Klasse:
Alles klar.

Seite 42: Auszüge aus dem Jugendschutzgesetz:
Damit die Kinder es auch noch einmal schriftlich haben und Sie nachweisen können, daß sie es wußten. Vielleicht lassen Sie auch hier die Schüler noch einmal unterschreiben.

Seite 43: Einverständniserklärung:
Das ist bewußt hier plaziert, damit auch die Eltern, wenn sie nebenan unterschreiben, noch einmal lesen, was im Jugendschutzgesetz steht.
Die hier abgedruckte Erklärung der Eltern ist die Form, die wir in allen Aufenthalten ziemlich problemlos durchsetzen konnten. Sie entbindet Sie natürlich nicht von Ihrer Sorgfalts- und Aufsichtspflicht, verhindert aber unzumutbare Ansinnen an Aufsicht. Sie dient zugleich als Erklärung, falls Ihre Schüler/innen irgendwo in eine Personenkontrolle geraten. Achten Sie auch darauf, daß die Seite 66 entsprechend geführt wird, und handhaben Sie das altersgemäß streng.

Seite 44 bis 45: ERSTE HILFE
Die Anmerkungen auf diesen beiden Seiten sollten Sie mit den Kindern Zeile für Zeile durchgehen.
Denn wir stellen immer wieder fest (auch bei uns), daß wir diese Dinge immer von uns wegschieben und denken, im Ernstfall könnten wir dann immer noch nachschauen. Dann aber geht es oft um Sekunden - und wir sind außerdem nervös.

Aus diesem Grund haben wir ein ERSTE-HILFE-BUCH verlegt (Art.-Nr. A214), dessen wichtigste Auszüge wir auf Seite 72-73 hier in unserer Materialsammlung veröffentlicht haben. Hängen Sie es an einer Stelle auf, wo Sie es jederzeit sehen und zur Hand nehmen können.

Seite 46 bis 55: Spiele:
Alles klar? Nicht ganz. Zuerst: Bei fast allen Spielen wird nur ein Vorschlag gemacht, den Sie oder die Kinder variieren können. Es sind auch nicht die unbekanntesten Vorschläge, die wir Ihnen hier machen. Dann: Das Spiel auf Seite 47 hat einen Stolperstein: Den Trabant. Das kleine stinkende Monster stirbt ja nun langsam aus. Und wenn die Kinder zu lange warten müssen, verliert das Spiel an Reiz. Also: Eigene Ideen sind gefragt. Vielleicht genügt es, den Draband einfach emol sächssch auszusprechen - und schon geht es weiter. Oder Sie fragen nach dem Namen des Politikers, der die Wiedervereinigung ermöglicht hat (Gorbatschow) oder ....

Bei *Stadt-Land-Fluß* auf Seite 48 ist eine Spalte freigelassen. Wenn Sie es sich einfach machen wollen: *Name*; wenn es schwieriger werden soll: *Beruf* (und verbieten Sie solche Ausflüchte wie *Papageienzüchter* o.ä.) oder Sie lassen nach *Pflanze* suchen.

Die *Schatzsuche* ist natürlich nur die pazifistische Variante des *Schiffe-Versenkens.* Und weist einen zusätzlichen Gag auf: die leere Schatzkiste.

Wenn Sie einen Klassensatz des Fahrtenbuches erstanden haben, gestatten wir Ihnen für Ihre Klasse auch das Kopieren der Seiten 48 bis 51 (und wenn Sie zwei Büchlein untereinander auf den Kopierer legen, haben Sie mit einer Kopie gleich alle 4 Spiele noch einmal. Das ist aber nur wenige Male sinnvoll, weil manche Spiele lieber als andere gespielt werden. Der Zahlenfußball eignet sich übrigens auch ganz hervorragend für die letzten zehn Minuten einer Mathematikstunde. Achtung: Überprüfen Sie ständig Ihre Regeln, sonst gibt es Ungleichgewichte. Beginnen Sie mit kurzen Spielzeiten (2 x 3 Minuten) - und lassen Sie zur Halbzeit wechseln. Es macht einen Riesenspaß, wenn nach dem Wechsel die Eigentore prasseln.

Seite 56 bis 57: Meine Pinnwand:
Das sind die Seiten für die inneren Kammern der Schülerseelen. Unterschriften zarter erster Liebe, eine Kino-Eintrittskarte, Fotos, ein Kußmundlippenstiftabdruck, eine Pizzeria-Quittung, ein Sternzeichenhoroskop - alle die Dinge, die nur für den eine besondere Qualität haben, der sie einklebt. Und das sind dann auch die Seiten, die man sich nach 3 Jahren wieder anschaut, leicht die Stirn runzelt, nachdenkt, und dann zieht das schiefe Lächeln auf und die Welt wird hell und gut...

Seite 58 bis 59: Für 10 bis 14jährige der Hit:
Doch, die Melodie von Peter geht in die Adern und der Text von Hertha ist wie immer leicht moralisch und nett. Und: Da die jeweiligen Stationen immer in die entsprechende Strophe eingesetzt werden kann, ist es auch immer ein sehr aktuelles Lied.

Seite 60: Sport:
Spricht für sich selbst. Wer will, kann auch noch seine Maße eintragen: 96-69-96 oder so. Wir Lehrer beteiligen uns lieber nicht mehr daran.

Seite 61: Mein Kassenbuch:
Ist vielleicht ganz heilsam, um herauszufinden, wo der ganze Mammon eigentlich gelandet ist...

Seite 62 bis 63: Will ich mir merken:
Hier können die Dinge notiert werden, die man sich vielleicht fürs Leben merken will: Rezepte, Erklärungen, historische Daten, Personen - alles das, was man beim Schullandheimaufenthalt kennengelernt hat und sich bewahren will.

Seite 64: Will ich erledigen:
Die Dinge, die einem plötzlich einfallen und die man sich für zu Hause vornehmen will, Versprechungen, die man gegeben hat und halten will etc.

Seite 65: Wichtige Adressen:
Spricht für sich selbst.

Seite 66: Erkundungsaufträge:
Entscheiden Sie sich rechtzeitig zu Beginn des Aufenthaltes, ob Sie hier streng oder großzügig sein wollen (hängt auch stark vom Alter Ihrer Kinder und von der Lage des Heims ab.)
Wir hatten schon Aufenthalte, da haben wir es gar nicht benutzt und hatten Aufenthalte, da waren wir sehr streng:
Die Kinder trugen Datum und Ziel und Uhrzeit ihres Weggehens ein, wir unterschrieben - und nach ihrer Rückkehr mußte dann unter unseren Augen die Rückkehrzeit eingetragen werden.

Die 3. Umschlagseite: Wichtige Telefonnummern:
Bitte nehmen Sie diese Seite ernst. Überprüfen Sie die Nummern der Notdienste persönlich, indem Sie selbst dort anrufen. Uns ist es schon passiert, daß wir die Notarztnummer anriefen, die in einem Schullandheim neben dem Telefon hing - und dann gab es unter dieser Nummer schon lange keinen Anschluß mehr. Und achten Sie darauf, daß die 3 Notgroschen unbedingt hier eingeklebt werden
Es ist für Sie beruhigend, wenn Sie in München mit Ihrer Klasse U-Bahn fahren und plötzlich müssen die letzten zwei auf dem Bahnsteig zurückbleiben - oder Sie sind mit dem Schiff nach Helgoland gefahren und entdecken auf der Rückfahrt, daß die Amira fehlt...
Dann hat sie wenigstens die Nummer des Schullandheims und kann Sie dort anrufen.

Die 4. Umschlagseite: der Schülerausweis:
Damit gibt es vielleicht - gerade an freien Nachmittagen - Ermäßigungen für das Kino oder das Museum oder das Schwimmbad. Zugleich ist das ja auch fast ein halber Personalausweis. Und sollte einmal wirklich ein Unfall oder sonst ein Unglück passieren, dann haben die Helfer in diesem Buch alle notwendigen Daten.

Und das alles zum Stückpreis von 5.- DM. Die Ihrer Klasse vielleicht die Sparkasse spendiert...

Projekt Partnerbeziehung - Freundschaft - Kontaktsuche

1. Vorstellung des Projekts

Das Projekt wurde von uns (Gertrud Neidinger, Wolfgang Anzinger und Toni Gleixner) mit drei Hauptschulklassen am Ende der 7. Jahrgangsstufe durchgeführt.

Die Ziele in dieser ersten Phase waren die Entwicklung und Förderung von sozialem Verhalten und die Problematisierung der eigenen sozialen Rolle. Schwerpunkte im Schullandheimaufenthalt bildeten daher die Themen *Klassengemeinschaft - Familiensituation - Partnerbeziehungen*.

Im folgenden Jahr planten wir als zweite Phase einen Schullandheimaufenthalt mit dem Schwerpunkt *Berufsfindung*. Als Abschluß denken wir uns in der 9. Klasse einen Aufenthalt, der unmittelbar der Berufsvorbereitung dient.

Wir wählen bewußt die Methode des spielerischen Umgangs mit der Problematik, um einen starken Eingriff in die Intimsphäre des einzelnen Schülers zu vermeiden. Die Einteilung in gleichgeschlechtlichen Gruppen soll es erleichtern, über Probleme angstfrei zu sprechen.

2. Planung

Die Klasse wird in reine Mädchen- und Jungengruppen geteilt. Die Teamer gesellen sich entsprechend dazu.

a) Fragespiel mit Harmoniekarten
(= Ja/Nein-Karten)

Auf vorgelegte Fragen (siehe Durchführung) zeigt jede/r Schüler/in entweder eine „Ja-" oder eine „Nein-Karte", je nachdem, welche Meinung er/sie zu der Frage hat. Die Ergebnisse werden registriert (Anzahl der jeweiligen Ja/Nein-Karten) und von Frage zu Frage diskutiert; zwanglos, kein Sprechzwang. Anschließend werden die wichtigsten Ergebnisse zwichen Jungen- und Mädchengruppen ausgetauscht und besprochen. Geschlechtsspezifische Abweichungen werden problematisiert.

b) Austausch von Briefen zwischen Jungen- und Mädchengruppen

Vorgegebenes Muster (für Jungengruppe, die Mädchen entsprechend):
1. Brief:
Liebe Mädchen, wir glauben, daß Ihr folgendes macht, um uns Buben zu gefallen: ....
2. Brief:
(Antwort auf den Brief der Mädchen): Liebe Mädchen, von dem, was Ihr da geschrieben habt, stimmt schon, daß ... Aber in folgendem habt Ihr nicht ganz recht ...

Zu beachten: Nur allgemeingültige Aussagen sind zugelassen (also nicht: an Petra gefällt uns nicht, daß ...)

c) Kontaktspiel

Alle Mädchen und Jungen erhalten Tarnnamen, nur die Jungen wissen die Namen der Mädchen nicht und umgekehrt. Der Auftrag lautet: Jede schreibt einen Brief an einen ihr unbekannten Jungen (und umgekehrt). Die Teamer fungieren als Briefträger. Die Briefe dürfen untereinander nicht hergezeigt werden, um Schreibvergleiche zu vermeiden.

3. Durchführung

a) Ergebnisse des Fragespiels mit den Harmoniekarten

1. Kannst Du Dir vorstellen, einen Freund/eine Freundin zu haben, der/die kleiner/größer ist als Du?

   Jungen: ja 12, nein 6
   Mädchen: ja 11, nein 5

2. Kannst Du Dir vorstellen, einen Freund/eine Freundin zu haben, der/die schlechtere Noten hat als Du?

   Jungen: ja 18, nein 0
   Mädchen: ja 16, nein 0

3. Kannst Du Dir vorstellen, einen Freund/eine Freundin zu haben, der/die bessere Noten hat als Du?

   Jungen: ja 18, nein 0
   Mädchen: ja 16, nein 0

4. Möchtest Du gern einen festen Freund (eine feste Freundin) haben?

   Jungen: ja 17, nein 1
   Mädchen: ja 3, nein 13

5. Fällt es Dir schwer, einem Jungen/einem Mädchen) zu zeigen, daß Du ihn/sie gern hast?

   Jungen: ja 4, nein 14
   Mädchen: ja 14, nein 2

6. Stell Dir vor, Du hast einen guten Freund/eine gute Freundin) und lernst einen Jungen/ein Mädchen) kennen. Dieser Junge/dieses Mädchen) mag Deine Freundin/Deinen Freund nicht. Würdest Du die Freundschaft zu ihr/zu ihm) aufgeben?

   Jungen: ja 1, nein 17
   Mädchen: ja 0, nein 16

7. Ihr steht mit einer Gruppe Mädchen/Jungen zusammen. Da kommen einige Jungen/ Mädchen dazu. Verhaltet Ihr Euch anders?

Jungen: ja 15, nein 3
Mädchen: ja 0, nein 16

Aussagen der Mädchen während des Harmoniekartenspiels:

zu 1:
- wenn ich jemanden gern leiden mag, ist es mir gleich, ob er größer oder kleiner ist als ich.
- der Charakter, nicht die Größe, zählt beim Menschen.
- ein Freund sollte immer größer sein, weil er für mich Beschützer sein soll.

zu 2:
- Freundschaft hängt für mich vom Charakter ab und nicht von den Noten.
- andere Leute reden oft sehr viel darüber, wenn ich einen Freund mit schlechteren Noten habe.

zu 3:
- keine Aussagen

zu 4:
- ich möchte noch nicht gebunden sein.
- die Buben in unserem Alter sind noch nicht standhaft.
- ich habe Angst, daß viele Leute über mich reden, wenn ich öfter den Freund wechsle.

zu 5:
- ein Junge könnte komisch darauf reagieren, zum Beispiel mich auslachen oder sich bei meinen Freunden über mich lustig machen.
- ich wüßte nicht, wie ich es ihm sagen sollte.
- es erscheint mir aufdringlich, wenn Mädchen Jungen zuerst ansprechen.

zu 6:
- ich würde mit dem Freund und der Freundin darüber sprechen und versuchen, eine Lösung zu finden.

zu 7:
- wir verhalten uns netter (wir zeigen uns in einer bestimmten Weise), wir stellen uns zum Beispiel anders hin.

Sonstige Aussagen der Mädchen:

Mit einem festen Freund muß ich über Probleme sprechen können • er sollte vertrauenswürdig sein • Schmusen und Zärtlichkeiten spielen keine große Rolle • wenn ein Junge ein Mädchen gern leiden mag, zeigt es es manchmal nicht auf nette Art, sondern wird grob • mir wurde auf Umwegen durch Freunde des Jungen bzw. durch meine Freundin zugetragen, daß mich ein Junge gern mag • ich muß es mir erst längere Zeit überlegen, wenn mich ein Junge fragt, ob ich ihn mag • die Wankelmütigkeit der Jungen stört mich • Jungen mögen keine stillen Mädchen

Diskussionsverlauf bei der Jungengruppe

- Habt Ihr eine Freundin?
- Habt Ihr schon einmal zu einem Mädchen intime Beziehungen gbehabt?
- Wie viele Freundinnen habt Ihr schon gehabt?
- Mit wieviel Jahren habt Ihr die erste Freundin gehabt?
- Mit wieviel Jahren habt Ihr zum ersten Mal mit einem Mädchen geschlafen?
- Wie sagen es die Jungen einem Mädchen, daß sie es gern haben?
- Spielt das Alter bei Freundschaften eine große Rolle?

Folgende Fragen wollten die Jungen mit den Mädchen gemeinsam besprechen:

- Wie viele Mädchen würden bei ihrem Traumjungen „ja" sagen?
- Ich finde keine Freundin - was soll ich machen?
- Mich fragen zwei Mädchen, ob ich mit ihnen gehen mag - was soll ich machen?

Anmerkungen:

Es fällt auf, daß die Jungen bei den Fragen 4, 5 und 7 in ihren Antworten stark von den Mädchen abweichen. Hier zeigt sich auffällig, wie sehr die Jungen und Mädchen schon dem traditionellen Rollenverhalten verhaftet sind. Die Jungen müssen sich aktiv zeigen, die Mädchen eher passiv. Bei der Frage 7 wurde den Mädchen im Gespräch klar, daß auch sie sich anders verhalten, wenn Jungen dazu kommen, nur ist die Verhaltensänderung hier wesentlich subtiler.

3 b) Austausch von Briefen zwischen Jungen- und Mädchengruppe

Gruppe „Toni" an Gruppe „Irene"

Liebe Mädchen!

Ihr sagt, der Mann soll ein bißchen über der Frau stehen, weil das immer so war. Das ist ein Schmarrn! Immer redet Ihr von der „Gleichberechtigung", aber wenn es darauf ankommt, geht Ihr doch wieder den alten Trott. Wenn ein Mann einen Fehler macht, wird er gleich fertiggemacht. Einer, der nicht so große Leistungen vollbringt, traut sich kaum noch, ein Mädchen anzureden.
Zum Problem Tanzen: Wenn man zum Beispiel verheiratet ist, kann man auch nicht immer nur mit einem Mann tanzen. Uns würde das nichts ausmachen, nur schmusen dürftet Ihr nicht mit anderen. Wir glauben, Ihr macht folgendes, um uns Buben zu gefallen: Anschmieren, schöne Kleider anziehen, im Bikini herumlaufen, mit dem Arsch wackeln, Haare waschen und föhnen, Frisur ändern, Schmuck tragen...
PS: Macht es nur, es wirkt sowieso nicht!

Gruppe Toni

Gruppe „Toni" an Gruppe „Irene"

Liebe Mädchen!

Ihr habt recht, wenn Ihr sagt, daß wir Euch immer ärgern. Aber Ihr kratzt uns auch ganz schön, vor allem kratzen, beißen und zwicken. Wir reden auch ein bißchen blöd, aber das macht Ihr auch. Sagt uns doch bitte, was Ihr damit meint: Laßt Euch was Neues einfallen.
Könnt Ihr uns Tips geben?
Und was das betrifft, daß wir unsere Stärke beweisen wollen, so möchten wir Euch darauf aufmerksam machen, daß Ihr selber meint, der Mann soll überlegen sein.

Gruß

Gruppe Toni

Gruppe „Irene" an Gruppe „Toni"

Liebe Jungen,

wir glauben, daß Ihr folgendes tut, um uns Mädchen zu gefallen:
Ihr wollt immer Eure Stärke beweisen, Ihr ärgert uns, Ihr redet blöd über uns daher, manche haben einen ziemlich fegerten Gang.
Bessert Euch gefälligst oder laßt Euch endlich was Neues einfallen!

Eure Mädchengruppe Irene

Gruppe „Irene" an Gruppe „Toni"

Liebe Jungen,

Wir möchten Euch fragen, was Euch an uns im allgemeinen am meisten stört, und was wir besser machen können. So ganz wissen wir auch nicht, was wir Euch für Tips geben sollen, aber Ihr könntet vielleicht nicht so brutal sein. Und wir versprechen Euch, daß wir dementsprechend reagieren werden. Was meint Ihr damit, daß ein Mann gleich fertiggemacht wird, wenn er einen Fehler macht? Ihr seid zu schnell mit dem Briefeschreiben, wir kommen kaum nach, aber wir freuen uns sehr über Eure Briefe.

Gruß

Eure Mädchengruppe Irene

Gruppe „Irene" an Gruppe „Toni"

Liebe Jungen!

Wir finden es toll von Euch, daß Ihr auch so ähnliche Probleme und Anschauungen habt wie wir, zum Beispiel Charakter wichtiger als Körpergröße, und daß Ihr ebenso schüchtern seid wie wir. Aber wir wollen Euch sagen, daß Ihr keine Angst zu haben braucht. Sprecht uns ruhig an, wir weisen Euch sicher nicht zurück und reden über die Sache. Wenn Ihr uns nicht immer abweist, trauen wir uns auch, Euch anzureden. Da jetzt gerade Euer Brief angekommen ist, fällt uns nichts mehr ein, weil wir jetzt so neugierig sind.

Gruß
Eure Mädchengruppe Irene

Gruppe „Toni" an Gruppe „Irene"

Liebe Mädchen!

Wir sind entzückt, Euren Brief zu lesen! Wir freuen uns, daß wir Euch jederzeit ansprechen dürfen! Ihr könnt uns auch jederzeit ansprechen. Wir werden mit Euch reden und lachen Euch nicht aus. Wir sagen auch nichts weiter. Zur Zeit finden wir Euch überhaupt sehr nett. Vor dem Schullandheim habt Ihr mit uns nicht so oft geredet. Uns gefällt auch, daß die meisten von Euch überall mitspielen, zum Beispiel Spiele (Liebst Du mich - Flaschen drehen - Tratzspiele und so weiter).

Gruß und Kuß (mit Maximus)

Gruppe Toni

> *Gruppe „Toni" an Gruppe „Irene"*
>
> Liebe Mädchen!
>
> Wir meinen zum Problem „Fehlermachen": Wenn ein Mann einen Fehler macht, könnte eine Frau sagen, daß er unfähig ist, und sie könnte ihn einfach stehen lassen.
>
> Wir werden versuchen, weniger brutal zu sein, aber das geht nicht so schnell. Wir müssen uns darauf erst einstellen. Habt bitte Geduld mit uns. Das war vorerst der letzte Brief.
>
> Eure Briefe haben uns sehr viel Freude gemacht. Wir lieben Euch alle!?!
>
> **Eure liebe Bubengruppe**
> (Unterschriften)

> *Gruppe „Irene" an Gruppe „Toni"*
>
> Liebe Boys!
>
> Euer Brief war sehr nett ausgedrückt. Wir würden Euch jetzt sehr gern besuchen, weil wir uns so freuen. Habt Ihr was dagegen?
> ja ☐   nein ☐   (bitte ankreuzen!)
>
> Viele Grüße und Küsse
> **Eure Mädchengruppe Irene**
>
> P.S.   Liebe Jungs!
> An Euch gefällt uns, daß Ihr jetzt viel netter seid als in der Schule. Aber uns fällt auf, daß Ihr viel gemeiner seid, wenn Ihr alle zusammen seid, als wenn wir einzeln mit Euch reden.

Anmerkung

In den beiden anderen Gruppen hat das Spiel ähnliche Ergebnisse gebracht. Die Schüler waren vom Briefeschreiben begeistert. Es fällt vor allem auf, daß die Briefe von Mal zu Mal freundlicher wurden. Die Erleichterung, auf diese Weise über Probleme reden zu können, war allgemein spürbar. Die Stimmung in der Klasse war so aufgewühlt, daß der Rest des Nachmittags sinnvollerweise zur freien Freizeitgestaltung verwendet wurde.

3. c) Kontaktspiel (am nächsten Tag)

2 Gruppen - eine Jungen- und eine Mädchengruppe.
Beginn des Spiels: Jeder Junge schreibt unter falschem Namen an ein Mädchen, das er nicht kennt, da auch sie einen falschen Namen genannt hat.
Ausgangssituation: Junge schreibt, daß er das Mädchen schon öfter gesehen hat und sie näher kennenlernen will.
Das Spiel hat den Schülern und Schülerinnen so viel Spaß gemacht, daß es am Nachmittag fortgesetzt wurde. Jeder kam auf etwa 6 - 10 Briefe. Bei der Auflösung (meistens durch Vereinbarung eines Treffpunkts) war die Überraschung bei vielen Schülern groß: von dieser Seite hatten sie ihre Mitschülerin bzw. ihren Mitschüler bisher nicht kennengelernt. Das Verhalten der Schüler/innen während des Spiels war recht unterschiedlich. Die einen besprachen Briefe mit anderen oder machten sich einen Jux daraus, andere wiederum vezogen sich zum Briefeschreiben und -lesen in eine Ecke.

4. Einschätzung

Die Überprüfung der in diesem Projekt angestrebten Lernziele ist verständlicherweise unmöglich. Bei der Auswertung eines einfachen Soziogramms am Anfang und am Ende des Schullandheimaufenthalts zeigte sich allerdings eine deutliche Zunahme der positiven Einstellung der Schüler/innen zueinander. Das unterstreicht die Bedeutung der verwendeten Lerninhalte für die Klasse als soziale Gruppe.

Nachbemerkung:

Wir haben uns überlegt, ob es sinnvoll ist, dieses Projekt auch bei der Neubearbeitung in der Mappe zu lassen. Wir haben uns dafür entschieden, weil es trotz seiner teilweise antiquiert wirkenden Sprache und Verhaltensweise immer noch das aktuelle Thema ist. Es kann - entsprechend modifiziert - in allen Altersstufen eingesetzt werden. Jungen und Mädchen sind im Umgang miteinander zwar nicht immer so verklemmt wie Frauen und Männer, aber sie haben genug Schwierigkeiten, die in einem Projekt der vorgestellten Art thematisiert und bearbeitet werden könnten.

Ein Projekt dieser Art kann auch - und das möchten wir Ihnen vorschlagen - als Grundlage für ein Projekt Partnerbeziehung - Freundschaft - Kontaktsuche zwischen deutschen und ausländischen Gruppen werden - wir hatten dazu bisher bei unseren Aufenthalten keine Gelegenheit, weil wir auf dem Land das Phänomen Ausländerklassen noch nicht als Problem kennengelernt haben.

Falls Sie also eine entsprechend modifizierte Version in Klassen mit hohem Ausländeranteil durchführen können - so würden wir uns über die entsprechenden Ergebnisse freuen und Sie gern in dieser Mappe (oder in anderen Zusammenhängen) abdrucken.

Wenden Sie sich in diesem Fall an die Verlagsadresse zu Händen von Frohmut Menze.

Dankeschön.

Betriebserkundung - Fußgängerrallye

Es gibt viele Möglichkeiten, die Stadt kennenzulernen, in der Sie den Schullandheimaufenthalt durchführen - zum Beispiel mit Hilfe unserer Info-Tafel. Wir haben uns bei unseren Aufenthalten immer auch darum bemüht, unmittelbar mit den Mitbürgern ins Gespräch zu kommen - oder durch Betriebserkundungen (vor allem solcher Betriebe, die in unserem Heimatort unbekannt sind), aber auch durch eine sogenannte „Fußgängerrallye".

Aber eines nach dem anderen!

Die Betriebserkundung
Wenn Sie einen Betrieb gefunden haben, der sich bereit erklärt, Ihnen für eine Erkundung zur Verfügung zu stehen, so sollten Sie ihm vorher ein Exemplar des Fragebogens zusenden. Vielleicht gibt es auch mehrere Betriebe, die Sie für so typisch halten, daß Sie Ihre Schüler da hindurchschleusen müssen. Wir haben beispielsweise eine Werft und einen fischverarbeitenden Betrieb besichtigt (von letzterem stammt der Schülerbericht für das Klassentagebuch).

Wenn Sie allerdings ihren Aufenthalt in einer Gegend durchführen, die sich in ihrer (Infra)struktur nicht wesentlich von Ihrem Heimatort unterscheidet, ist es wenig sinnvoll, die wertvolle Zeit des Schullandheims mit der Erkundung von Betrieben zu vergeuden, die Sie praktisch in gleicher Weise auch zu Hause durchführen könnten.

Es sei denn, Sie machen aus dem ganzen Schullandheimaufenthalt ein Projekt „Berufsorientierung" - aber dann sollten Sie das in einem entsprechenden Rahmen machen - mit Unterstützung der Berufsberatung beim Arbeitsamt und der vorherigen Lektüre unseres „Handbuchs zum Schulalltag" (Bestell-Nr. A081).

Schöner, spaßiger, aufregender und lehrreicher ist aber garantiert die Fußgängerrallye:
Vorbereitungszeit: ca. 3 Stunden.
Sie arbeiten eine Route durch die Gemeinde/ den Stadtteil aus, die die Schüler anhand einer Liste (Beispiel siehe übernächste Seite), auf der die Stationen und Aufgaben verzeichnet sind, selbständig nachvollziehen. An den verschiedenen Stationen warten Überraschungen und weitere Hinweise - und dazwischen braucht man auch ein bißchen Glück. Sie brauchen die Hilfe von Postbeamt/innen, Museumswärtern und Eismännern, die Ihnen aber gern gewährt wird, weil in den gestandenen Männern und Frauen die Lust am Spiel erwacht. Schüler/innen, die schlecht zu Fuß sind, oder absolut keine Lust zum Mitmachen haben, setzen Sie als Posten an den verschiedenen Anlaufstationen ein. Sie können die Rallye zum Beispiel an einer Stelle beginnen lassen, an der sich vier Telefonzellen nebeneinander befinden. Hier schlagen Sie bei einer (oder bei allen vieren) das Telefonbuch auf unter, zum Beispiel, *Kranmacher, Hofdirigent* und geben auf dieser Seite dann handschriftlich den Hinweis: *Rathaus, Zimmer 203: Anzahl der gewerblichen Betriebe erfragen.* Die Schüler/innen wissen nur, wo sie das Telefonbuch aufschlagen müssen, wissen aber nicht, wie es dann weitergeht. Hierzu müssen sie eben erst selbst nachschlagen. Das Rathaus haben Sie natürlich vorher informiert und sich das Einverständnis dazu geben lassen.

Vom Rathaus geht es dann weiter zur Kurverwaltung und von dort zur Polizei. Diese schickt die Schülerinnen weiter zum Trimm-Dich-Pfad, wo der lange Hardy jedem ein Stückchen Kuchen aushändigt und alle einmal über die Kletterstange hetzt. Danach geht es in die Eisdiele, wo jede/r Schüler/in innerhalb 15 Sekunden ein Zwei-Bollen-Eis verdrücken muß - der Ingo wacht darüber und schickt die Schüler/innen weiter zum Postamt an den Schalter 3, wo sie die Portokosten nach Barbados erfragen und sich einen Tagesstempel geben lassen müssen.

Vom Postamt geht es dann zum Minigolf-Platz, wo die Spielregel 5 abgeschrieben werden muß. Danach zur Bäckerei Mupp & Sohn, bei der die saisonalen Auswirkungen auf den Arbeitsmarkt erforscht werden. Von dort zum Schiffsmuseum. Und so weiter ... Zu Beginn werden die Namen der Schüler/innen notiert (mindestens 2), die Startzeit und dann werden die Teams im Abstand von ca. 4 Minuten weggeschickt.

Und denken Sie auch an die Preise und Trostpreise. Der zweite Hauptgewinn (vorher **nicht** ankündigen) geht an das Verlierer-Team. Die schönste Überraschung bekam bei uns das zufällig 20. Team, von dem im Fotogeschäft ein Poster angefertigt wurde (hatten wir vorher bezahlt). Da saßen sie dann, lebensgroß beinahe, verschwitzt und glücklich. Toll.

Alternativ dazu (und einfacher zu organisieren - aber nicht so animierend) sind die Rallyes, wie wir sie im **Fahrtenbuch** (siehe dazu Seite 45) vorgegeben haben.

Wir haben drei Seiten weiter eine Kopiervorlage erstellt, die Sie entsprechend den Rallyes aus dem Fahrtenbuch einsetzen können (aber nur, falls Sie die Fahrtenbücher nicht in der Klasse einsetzen, denn dann sollten Sie diese nehmen).

Projekt Betriebserkundung

1. Name und Anschrift des Betriebes: _____
   _____

   Gründungsjahr: _____ Derzeitige Rechtsform (AG, GmbH, KG usw.): _____
   Branche/Erzeugnisse: _____
   _____

   Tochterfirma?: _____

2. Beschäftigte im Betrieb insgesamt: _____ Männer: _____ Frauen: _____
   Wieviel Prozent der Mitarbeiter/innen etwa haben ihren Wohnsitz beim Firmensitz?
   _____

Anzahl der Hilfsarbeiter:	_____ Pers.	Männer: _____	Frauen: _____
Anzahl der angelernten Arbeiter:	_____ Pers.	Männer: _____	Frauen: _____
Anzahl der Facharbeiter:	_____ Pers.	Männer: _____	Frauen: _____
Anzahl der Angestellten:	_____ Pers.	Männer: _____	Frauen: _____
Anzahl der leitenden Angestellten:	_____ Pers.	Männer: _____	Frauen: _____
Anzahl der Auszubildenden:	_____ Pers.	Männer: _____	Frauen: _____
Anzahl der ausländ. Arbeitnehmer:	_____ Pers.	Männer: _____	Frauen: _____
Land:	_____ Pers.	Männer: _____	Frauen: _____
Land:	_____ Pers.	Männer: _____	Frauen: _____

3. Welche Berufe werden in dem Betrieb vorwiegend ausgeübt?
   _____

   In welchen Ausbildungsberufen bildet der Betrieb aus (wie viele Lehrlinge jährlich):
   _____

   In welchen Berufen werden Arbeitnehmer/innen angelernt?
   _____

4. Haben Sie in Ihrem Betrieb   in welcher Abteilung?
   gleitende Arbeitszeit: ja ☐   nein ☐   _____
   Schichtarbeit: ja ☐   nein ☐   _____
   Akkordsystem   ja ☐   nein ☐   _____
   Fließbandarbeit   ja ☐   nein ☐   _____
   Arbeitsplatzbewertung   ja ☐   nein ☐   _____
   Stechuhr   ja ☐   nein ☐   _____
   Sonstige Systeme   ja ☐   nein ☐   _____

5. Wie hoch schätzen Sie den Automatisierungsgrad des Betriebes ein?
   hoch ☐   durchschnittlich ☐   niedrig ☐   je nach Abteilung ☐

6. Wie hoch ist demnach der prozentuale Anteil (Schätzwert) der Lohnkosten am Gesamtjahresumsatz des Betriebs? _____
   Jahresumsatz im letzten Kalenderjahr (wenn Beantwortung möglich): _____

Projekt Fußgängerrallye

Name: _____ Startzeit: _____

Vorname: _____ Ankunftszeit: _____

                                         Gesamtzeit: _____

1. **Telefonzelle, Häfchenweg**
   Telefonbuch Cuxhaven: Kranmacher, Julius, Hofdirigent

2. **Kurverwaltung:**
   Übernachtungen Sommer 1993:

3. **Polizei Hauptwache:**

4. **Unterschrift bei vollbrachter Leistung:**

5. **Eisdiele:**

6. **Porto** _____ DM   Stempel:

7. **Minigolfplatz:** Spielregel 5:

8. **Bäckerei Mupp & Sohn**
   Anzahl der Arbeitskräfte im Sommer: _____
   Anzahl der Arbeitskräfte im Winter: _____

9. **Schiffsmuseum:**
   Baujahr der ältesten Hansekogge: _____

10. **Gästehaus „Meeresruhe":**
    Preis für ein Doppelzimmer im Sommer: _____ DM
    Preis für ein Doppelzimmer im Winter: _____ DM

11. **Lebendgewicht des Herbergsvaters:** _____ kg

12. **Körpergröße der Herbergsmutter:** _____ cm

13. **Leibesumfang des Klassenlehrers (abends):** _____ cm

Schullandheim & Gruppenfahrt: Projekte

Info-Rallye in _____

Teilnehmer: _____ Gruppe: _____

Startzeit: _____ Uhr; Ankunftszeit: _____ Uhr; Dauer: _____ Minuten; Platz: _____

1. Die Gemeinde/Stadt, zu der unser Heim gehört, hat _____ Einwohner.

2. Die nächste Tankstelle liegt in der _____ Straße, führt die Benzinmarke _____ und verkauft 1 Liter Diesel für _____ DM und 1 Liter Euro-Super für _____ DM.

3. Der Gemeinderat wurde am _____ gewählt und besteht aus insgesamt _____ Räten.
   Zu der Partei/Gruppe _____ gehören ___ Rät/innen, davon ___ Männer und ___ Frauen
   Zu der Partei/Gruppe _____ gehören ___ Rät/innen, davon ___ Männer und ___ Frauen
   Zu der Partei/Gruppe _____ gehören ___ Rät/innen, davon ___ Männer und ___ Frauen
   Zu der Partei/Gruppe _____ gehören ___ Rät/innen, davon ___ Männer und ___ Frauen

4. Die nächste Metzgerei liegt in der _____ Straße. 1 kg Schnitzel kostet _____ DM.

5. Die Partnerstadt dieser Gemeinde heißt _____.

6. Der nächste Supermarkt liegt in der _____ Straße. 1 kg Butter kostet _____ DM, 1 kg Bananen kostet _____ DM und 1 Pfund Kaffee Jacobs Krönung kostet _____ DM.

7. Der/die Bürgermeister/in heißt _____ und ist seit _____ im Amt.

8. Für 10.- DM bekomme ich bei der nächsten Sparkasse _____ Dollar oder _____ Escudos oder _____ Franc oder _____ Lire

9. Diese Apotheke hat am nächsten Sonntag Notdienst: _____

10. Ein Tag in unserem Heim (Übernachtung, Wäsche, 3 Mahlzeiten) kostet pro Person _____ DM.

11. Ein Zahnarzt berechnet der Allgemeinen Ortskrankenkasse für eine Spritze in den Kiefer gegen Schmerzempfindlichkeit _____ DM, für das Ziehen eines Backenzahnes _____ DM.

12. Die älteste Einwohnerin der Gemeinde heißt _____.

13. Der älteste Einwohner der Gemeinde wohnt in _____.

14. Eine Postkarte von hier nach Hause kostet _____ DM, ein 30-Gramm-Brief kostet _____ DM.

15. Wenn man beim Fahren auf dem Moped ohne Helm erwischt wird, kostet das _____ DM.

16. Ein Luftpostbrief von 30g per Eilbrief zum Weißen Haus nach Washington kostet _____ DM.

17. Die generelle Geschwindigkeitsbegrenzung beträgt auf Autobahnen _____ km, auf den Landstraßen _____ km und innerhalb geschlossener Ortschaften _____ km.

18. Das nächstgelegene Krankenhaus heißt _____.
    Der/die Pförtner/in heißt _____. Das Krankenhaus hat _____ Betten.
    Der Tagessatz der 2. Klasse im Zweibettzimmer liegt bei _____ DM.

19. Die kleinste Packung Aspirin für Erwachsene hat _____ Tabletten und kostet _____ DM.

20. Ich bringe mit: ❏ 1 Stempelabdruck; ❏ 1 Visitenkarte; ❏ 1 Foto eines Einwohners;
    ❏ 1 graues Haar; ❏ 1 Unterschrift eines/einer ausländischen Mitbürger/in _____

Kurzprojekte

Projekte der nachfolgend beschriebenen Art tauchen in vielerlei Zusammenhängen immer wieder auf, vor allem in Publikationen zu Schullandheimaufenthalten und Gruppenfahrten, zum Projektunterricht, in Veröffentlichungen des Jugendherbergswerks und des Verbandes Deutscher Schullandheime. Sie sind nicht unbedingt originell, aber brauchbar - die nachfolgende Zusammenstellung soll Ihnen daher in knappster Form zuverlässige Anregungen vermitteln, die Sie wahrnehmen oder ignorieren können. Wir haben auf eine altersgemäße Zuordnung verzichtet, weil die Erkundung eines Bauernhofes, das Bemalen von Dia-Glas-Rähmchen oder die Wetterbeobachtung mit jeder Klasse (altersgemäß modifiziert) durchgeführt werden kann. Viel Spaß.

Projekt Wetterbeobachtung:
Temperatur, Niederschlag, Bewölkung und Wind(richtung) können zum Teil mehrmals am Tag gemessen und in entsprechende Tabellen/Schaubilder eingetragen werden.

Temperatur: Die Messung erfolgt nach internationalen Regeln 2 m über dem Erdboden, beschattet und windstill. Das muß man nicht so genau nehmen, sich aber auf ein Verfahren einigen, damit man es miteinander vergleichen kann (Vorschlag: 1 Minute lang das Thermometer mit ausgestrecktem Arm über dem Kopf schwenken und dann ablesen. Achtung: Das Thermometer so anfassen, daß die Körpertemperatur die Messung möglichst wenig beeinträchtigt: also nicht am Meßflüssigkeitsreservoir).
Die Temperaturen sollten immer an derselben Stelle und zum gleichen Zeitpunkt gemessen werden: 6.00 Uhr, 12.00 Uhr, 18.00 Uhr.

Niederschlag: Saftflasche mit Trichter an einen sicheren Ort (Flachdach, Pfosten) aufstellen und jeweils nach 24 Stunden immer zur gleichen Zeit kontrollieren. Zum Errechnen der Niederschlagsmenge auf den Quadratmeter den Trichter umgekehrt auf ein Stück Zeitungspapier stellen, mit einem Bleistift umfahren, die Fläche errechnen ($r^2\pi$) und daraus anteilig den Quadratmeteranteil berechnen.
Die aufgefangene Regenmenge wird mit Tinte gefärbt und in ein Reagenzglas (oder ein anderes durchsichtiges Gefäß) gegeben, das dann auf eine Tafel montiert und beschriftet wird (Datum, Uhrzeit). Auch hier ist es möglich (aber nicht sinnvoll), dreimal am Tag (parallel zur Temperaturmessung) zu messen.

Bewölkung: Hier genügt eine einfache Methode. Man nimmt einen Kreis, teilt ihn in vier gleiche Teile und schwärzt den Anteil entsprechend dem bedeckten Himmel. Ist er völlig blau oder weniger als ein Achtel bedeckt, so bleibt alles frei, ist etwa die Hälfte bedeckt, na, was wohl... Auch hier kann man parallel zur Temperaturmessung 3 mal täglich messen.

Windstärke: Wenn Sie weder in Ihrer Heimatschule rechtzeitig geplant noch an Ihrem Zielort eine Patenschule haben - dann tun es notfalls auch 4 Joghurtlöffel, die Sie um eine Stricknadel herum so kleben, daß der Wind immer in die Löffel blasen kann.
Die Stricknadel mit einer Drahtschlinge notdürftig fixieren und dann die Anzahl der Umdrehungen messen. Es geht auch einfacher:
Windstille (0 m/s): Rauch steigt senkrecht hoch, Blätter bewegen sich nicht.
Leichter Wind (0,1-4,0 m/s): Blätter bewegen sich, man spürt den Wind auf der Haut.
Mäßiger Wind (4,0-9,0 m/s): Zweige bewegen sich, Staub wird hochgetragen.
Starker Wind (9-14 m/s): Wind pfeift, schwächere Bäume biegen sich.
Stürmischer Wind: (14-25 m/s): Zweige brechen ab, Gehen gegen die Windrichtung ist schwierig.
Sturm (25 und mehr m/s): Bäume werden entwurzelt, Ziegel fallen von den Dächern.

Projekt Sonnenuhr:
Im Hof an einer Stelle, die den ganzen Tag Sonne hat, einen Stab aufstellen. Mit einer Schnur einen Kreis um den Stab ziehen. Und jetzt einfach mit der Uhr bei den vollen Stunden den Schatten des Stabes dauerhaft markieren (Pflöcke auf der Kreislinie einschlagen, Farbstriche anbringen etc.).
Die kleine Variante: Einen Stab in einen Blumentopf stecken und am Topfrand die Uhrzeiten entsprechend dem Schattenfall markieren.

Stimmungsbarometer:
Im Aufenthaltsraum der Gruppe wird an der Wand ein Plakat aufgehängt, das die Wochentage aufweist und darunter für jeden Tag die Stimmung (vielleicht ruhig die Schulnoten heranziehen: sehr gut - gut - befriedigend...)
Jetzt kann jeder Schüler jeden Tag seinen Namen entsprechend seiner Stimmung in das Wandplakat eintragen.
Variante: Man kann die Namen auch verschlüsseln, um das Ganze sozusagen anonym ablaufen zu lassen - oder wir erstellen pro Schlafzimmer Stimmungsbarometer und stellen am letzten Abend fest, welches Zimmer die beste Laune hatte...

Rezepte

Die Klasse 9b verleiht den Herbergseltern den Goldenen Teller mit Messer & Gabel für hervorragendes, schmackhaftes und immer reichliches Essen.

Essen auf Gruppenreisen

Die Fragen: Soll man sich selbst versorgen - und wenn ja, vollwertig? Vegetarisch? Biologisch? Oder soll man die (akzeptanzmäßigen) Vorteile Mc Donalds wahrnehmen?
Wir möchten Ihnen im folgenden einige Hinweise geben und auf weiterführende Literatur verweisen.

Natürlich ist die vegetarische Ernährungsweise die, die uns von der Evolution und von der Gesundheit her am nächsten liegt: Unsere Vorfahren der letzten 6 Millionen Jahre waren Vegetarier - von einigen Mäuse- und Madenbeilagen abgesehen. Darüber herrscht im wesentlichen Einigkeit in der Wissenschaft und davon zeugen auch unser Gebiß und unser Verdauungsapparat. Die heutigen konsequenten Vegetarier leben länger und haben weniger ernährungsbedingte Krankheiten (z. B. Krebs- und Herz-/Kreislauferkrankungen) als Nichtvegetarier.

Vollwertkost und vegetarische Kost sind nicht unbedingt dasselbe. Und es sollte uns doch zu denken geben, daß die Menschen die einzigen Lebewesen sind, die ihre Nahrungsmittel erst zerstören oder zumindest in ihrem Nahrungswert erheblich mindern, bevor sie sie essen.

Nur: All die klugen und richtigen Erkenntnisse helfen uns ja angesichts 26 hungriger Achtkläßler/innen nicht weiter, die vegetarische Ernährung und Vollwertkost für den Ausfluß irrationaler Lehrerideologien zu halten.

Vollwertig-vegetarisch:
Also: Am sinnvollsten wäre es natürlich, wenn Sie sich schon während der Vorbereitungszeit mit Eltern und Schülern darauf verständigen könnten, daß auch im Bereich des Essens der Aufenthalt ein ökologisches Projekt darstellen solle - und Sie ein Heim mit Selbstversorger buchen. In diesem Fall brauchen Sie ein vernünftiges Kochbuch - zumindest die Kochkisten (A5-Karteien) aus dem Freiarbeit-Verlag, Postfach 8, D-77837 Lichtenau, Telefon (07227) 95 88-0:

Roh, aber herzlich (Nr. F570), **Dr. Voll & Mr. Wert** (Nr. F571) und **Der kleine Knoblauch- & Spaghettifresser** (Nr. F572).

Ein wichtiger Tip: Bei allen herkömmlichen Hackfleischgerichten können Sie das Hackfleisch durch (entsprechend gewürztes) Tofu ersetzen. Tofu ist ein Soja-, Seitan ein Getreideprodukt, also rein pflanzlich und sehr gesund. Sie können Tofu selbst herstellen (das wäre auch ein schönes Projekt), Sie können beides auch im Reformhaus oder in einer Tofurei kaufen. Spaghetti Bolognese schmeckt dann auch dem fleischsüchtigsten Bauernsohn - und die Tofu-Bratlinge werden auch von Metzgerstöchtern mit Lust und Liebe verspeist.

Und: Wenn Sie Hirse-Vollkorn-Spaghetti nehmen, merkt niemand, der allen braunen Nahrungsmitteln Mißtrauen entgegenbringt, daß er hier Vollwert-Spaghettis ißt.

Tofu und Tofu-Produkte bekommen Sie preiswert - auf Wunsch auch direkt ins Heim geschickt - von der Tofurei Zollhäusle in 78052 VS-Villingen, Tel. (07721) 21289.

Standard:
Wir setzen einmal voraus, daß Sie überall da, wo es problemlos möglich ist, vollwertig kochen. Darüber hinaus gibt es eine Reihe von Gerichten, die sich auf Gruppenreisen durchgesetzt haben.

Wir schreiben Ihnen im folgenden die entsprechenden Kochanleitungen auf. Die Mengenangaben beziehen sich immer auf Portionen für 10 Personen. Bei 24 Personen nehmen Sie also die doppelte Menge und noch 4 Zehntel dazu.

Durchschnittsmengen:
Die nachfolgenden Angaben beziehen sich auf jeweils 10 Personen im Alter von 13 bis 15 Jahren an Normaltagen. Man kann, hat man sich verschätzt, mit Brot und Suppe immer strecken. Aus anderen Ländern können wir sinnvolle Sitten übernehmen:

In Portugal zum Beispiel wird die Suppe oft erst nach der Hauptmahlzeit gegessen.

Suppe als Vorspeise	4,0 Liter
Suppe als Hauptmahlzeit	6,0 Liter
Soße als Beilage	1,3 Liter
Fleisch mit Knochen	2,0 kg
Fleisch ohne Knochen	1,5 kg
Hackfleisch	1,0 kg
Fischfilet	2,0 kg
Kartoffeln als Beilage (ungeschält)	2,5 kg
Teigwaren (Einlagen in Suppen)	0,2 kg
Teigwaren als Beilage	1,0 kg
Teigwaren als Hauptmahlzeit	1,5 kg
Reis als Beilage	0,6 kg
Reis als Hauptmahlzeit	1,0 kg
Gemüse als Beilage (ungeputzt)	2,5 kg
Hülsenfrüchte (z. B. Linsen)	0,7 kg
Frischobst (für Nachtische)	1,0 kg

Grundrezepte:
Die nachfolgenden Rezepte stammen von der Jugendpflege Rastatt und aus den drei Kochkisten des Freiarbeit-Verlags und wurden in zahlreichen Freizeiten erprobt. Die Mengen sind für jeweils 10 Personen gedacht. Die Rezepte der Jugendpflege sind traditionelle Rezepte für Gerichte, für deren Zubereitung Fleisch und Wurst verwendet werden und die danach ausgewählt wurden, daß sie schmecken und mit geringsmöglichem Aufwand hergestellt werden können. Diese Rezepte können jeweils variiert und - je nach Gelegenheit - vollwertig ersetzt werden (statt normaler Spaghetti Hirse-Vollwert-Spaghetti, statt normalem Reis Vollreis oder zumindest sogenannter parboiled Reis, statt Fleisch Tofu, statt Fleischbrühe Gemüsebrühe aus Würfeln, statt Gemüse oder Pilzen aus der Dose Frischgemüse und statt Zucker sogenannte Ursüße = getrockneter Zuckerrohrsatz; bestimmte Süßstoffe (z. B. Canderel) können mit Einschränkung (Gewöhnung an das Süße, chemisches Produkt) verwendet werden.

Bananentoast:

10 Scheiben Vollkorntoast
5 große Bananen
einige Weintrauben
10 Scheiben Edamer Käse
5 Eßlöffel Margarine

Zubereitung: Bananen schälen und in der Mitte quer durchschneiden. Die einzelnen Stücke der Länge nach durchschneiden. Je zwei Bananenviertel mit der flachen Seite nach unten auf einen Toast legen. Weintrauben waschen, auf die Brote verteilen, Käsescheiben darüberlegen. Margarine in der Pfanne heiß werden lassen. Brote in die Pfanne legen, bei geringer Hitze zugedeckt 5 Minuten braten lassen, bis der Käse verlaufen ist. Bananentoast auf Teller verteilen und sofort servieren.

Haferflocken-Müsli:

30 Eßlöffel grobe Haferflocken
10 Tassen Milch
10 Eßlöffel Zitronensaft
10 Teelöffel Honig
10 Teelöffel Rosinen
10 Äpfel
125 g Haselnüsse

Zubereitung: Haferflocken in kleine Schälchen verteilen, die Milch über die Flocken gießen. Die Zitrone halbieren und auspressen. Haselnüsse auf einem Brettchen grob hacken. Zitronensaft, gehackte Nüsse und Rosinen auf die Schüsseln verteilen. Äpfel waschen und in vier Teile zerschneiden, das Kernhaus herausschneiden. Äpfel auf der Rohkostreibe ins Müsli reiben. Mit einem Löffel alles gut umrühren.

Fleischragout mit Nudeln:

1,5 kg Fleisch (Rind oder Schwein) würfeln
3 Zwiebeln, feingewürfelt
5 Eßlöffel Mehl
0,75 Liter heiße Fleischbrühe
1 kg Nudeln
2 Eßlöffel Sojasauce
2 Eßlöffel Worcestersauce
3 Eßlöffel Tomatenmark
0,25 Liter saure Sahne

Gewürze: Salz, schwarzer Pfeffer, Thymian, Paprika edelsüß, Rosmarin, Knoblauchpulver, Öl

Zubereitung: Fleischwürfel in Öl anbraten, würzen, Zwiebelwürfel dazugeben und mitschmoren, mit Fleischbrühe ablöschen, weitergaren (ca. 50 Minuten - im Schnellkochtopf entsprechend weniger), Mehl mit etwas Wasser anrühren, und die Soße damit andicken, Tomatenmark dazugeben, mit Sojasauce und Worcestersauce abschmecken, Sahne einrühren.
Die Nudeln in kochendem Wasser bißfest kochen (*al dente*) und nach dem Abgießen mit etwas Öl lockern. Das Ragout auf den abgetropften Nudeln anrichten.

Dazu: grüner Salat

Spaghetti alla Bolognese:

150 g Schinkenwurst oder Salami würfeln
2 Zwiebeln schälen und feinwürfeln
1/4 Sellerieknolle schälen und feinwürfeln
3 Möhren schälen und feinwürfeln
3 Knoblauchzehen mit Salz zerdrücken
und alles in 10 Eßlöffel Öl anbraten.
750 g Hackfleisch dazugeben, anbraten und mit
1 Eßlöffel Mehl bestäuben
1 Glas Rotwein dazugießen
6 Eßlöffel Tomatenmark und
1 großes Lorbeerblatt zufügen und

Zubereitung: bei kleiner Hitze 20 Minuten lang zugedeckt kochen lassen - dabei nach und nach 3 Tassen Fleischbrühe (aus Würfeln) zugießen. Vor dem Servieren das Lorbeerblatt herausnehmen. 1,8 kg Spaghetti in reichlich Salzwasser (mit einem Schuß Öl) nicht zu weich kochen, abschrecken, etwas Öl über die abgetropften Spaghetti geben, wenden (damit das Öl sich verteilen kann), Soße auf den Nudeln verteilen und etwas Parmesankäse darübergeben.

Paprikahähnchen:

10 Hähnchenschenkel oder Hähnchenteile (Viertel)
5 Eßlöffel Öl
2-3 Eßlöffel edelsüßer Paprika
2-3 Teelöffel Salz
2 Teelöffel schwarzer Pfeffer
geriebene Schale von 2 Zitronen
1/2 Liter Hühnerbrühe (Würfel)
5 Zwiebeln
3 rote Paprikaschoten
500 g Champignons (Dose)

Zubereitung: Die Hähnchenschenkel in Fett und Paprika bräunen, mit Salz, Pfeffer und geriebener Zitronenschale würzen und mit der Hühnerbrühe angießen. Im geschlossenen Topf etwa 30 Minuten lang bei geringer Hitze schmoren lassen.
Feingehackte Zwiebel, Paprikaschoten und Champignons im restlichen Fett 10 Minuten dünsten und anschließend mit dem Fleisch zusammen nochmals 20 Minuten lang schmoren.

Beilagen: Salzkartoffeln oder Reis; Kopf- oder Tomatensalat.

Geflügelreis:

für den gedünsteten Reis:
600 g Reis (etwa 5 Tassen)
1,5 Liter Fleischbrühe (etwa 10 Tassen)
aus Brühwürfeln
8 Eßlöffel Öl oder 100 g Butter
2 Zwiebeln

für die Geflügeleinlage:
100 g Butter
2 Zwiebeln
750 g Geflügelfleisch, gekocht und gewürfelt
3 Eßlöffel Tomatenmark
0,5 Liter Brühe
2 Bund Petersilie

zum Bestreuen: 150 g geriebener Käse

Zubereitung des gedünsteten Reises:
Feingeschnittene Zwiebeln und Reis in heißem Fett glasig werden lassen, abgeschmeckte Brühe zugießen, offen zum Kochen bringen und bei kleiner Hitze zugedeckt ausquellen lassen, bis alle Flüssigkeit aufgesogen ist (etwa 30 bis 40 Minuten).

Zubereitung der Geflügeleinlage:
Feingeschnittene Zwiebeln in heißem Fett glasig werden lassen, vorbereitetes Geflügelfleisch mit Tomatenmark zugeben, andünsten, Brühe angießen, kurz erhitzen, abschmecken, feingehackte Petersilie zugeben. Abgeschmeckte Geflügeleinlage vorsichtig unter den warmen Reis mischen, mit Käse bestreut anrichten.

Dazu: grüner Salat oder Tomatensalat

Allerlei-Risotto:

600 g Reis (ca. 5 Tassen)
1,5 Liter Fleischbrühe (etwa 10 Tassen)
aus Brühwürfeln
8 Eßlöffel Öl oder 100 g Butter
5 Zwiebeln, feingehackt
4 Paprikaschoten (rot und grün)
3 Essiggurken
500 g Fleischwurst oder Bratenreste

Gewürze: Salz, weißer Pfeffer, Majoran, Thymian, gehackte Petersilie, Piment.

Zubereitung: Reis in der Margarine anbraten, Brühe aufkochen und dazugeben, in geschlossenem Topf 30 Minuten lang bei geringer Hitze kochen lassen, bis die Flüssigkeit aufgenommen ist.
Zwiebeln, feingehackte Paprikaschoten und Gurken leicht anbraten, Wurst oder Bratenreste zugeben, schmoren und mit dem Reis mischen.

Beilage: grüner Salat

Vollkornpfannkuchen mit Ahornsirup:

750 g Weizenvollkornmehl
1,25 l Milch
10 Eier
20 Eßlöffel Ahornsirup
Salz, Zimt, Öl zum Braten

Zubereitung: Mehl, Milch, Salz und Zimt in einer Schüssel gut verrühren und 20 Minuten quellen lassen. Die Eier aufschlagen und mit hinzugeben. Noch einmal gut durchrühren. Öl in der Pfanne heiß werden lassen. Aus diesem Teig die Pfannkuchen backen, auf die Teller verteilen, mit dem Ahornsirup beträufeln.

Schokoladenquark:

8 Bananen pürieren
10 Eßlöffel Zucker oder Honig unterrühren
8 Eigelb mit
1 kg Quark glattrühren.
400 g geraspelte Blockschokolade mit Quark und Bananen mischen,
8 Eiweiß steifschlagen und unter die Masse heben, kühlstellen.

Nußplätzchen:

750 g gemahlene Haselnüsse
250 g Sonnenblumenkerne
250 g Honig
7 Eier
Margarine

Zubereitung: Die Sonnenblumenkerne in die Pfanne geben, die Pfanne ohne Fett erhitzen, dann bei kleiner Hitze die Sonnenblumenkerne leicht anrösten, ab und zu umrühren. Haselnüsse, Sonnenblumenkerne, Honig, Eier in einer Schüssel gut verrühren. Backblech mit der Margarine einfetten, Teig fingerdick auf dem Blech streichen. Bei 175 Grad 15 - 20 Minuten schön braun backen. Die Nußplätzchen noch warm in Stücke schneiden.

Logical: Wer ist der Ingenieur?

Achtung: Bevor Du Dich an die Lösung dieses Logicals machst, knicke das Blatt bitte an der gestrichelten Linie nach hinten um, ohne zu lesen, was auf dem weggeknickten Teil steht - und dann lies Dir die Sätze 1 bis 7 durch und versuche, die Frage, wer der Ingenieur ist, Schritt für Schritt zu lösen.
Erst wenn Du dabei nicht weiter kommst, hole den nach hinten geklappten Teil des Blattes wieder her und lies dort weiter. Jetzt geht es los:

1. Walter, Jürgen und Michael sind Ingenieur, Bremser und Heizer eines Zuges - allerdings nicht unbedingt in der genannten Reihenfolge. Sie wohnen in verschiedenen Städten. Im Zug befinden sich drei Reisende mit denselben Namen. Um sie von der Besatzung zu unterscheiden, erhalten sie im folgenden ein „Herr" vor ihre Namen.
2. **Herr** Michael wohnt in Aachen.
3. Der Bremser lebt in Düsseldorf.
4. **Herr** Jürgen vergaß bereits vor langer Zeit seine mathematischen Schulkenntnisse.
5. Der Reisende, der denselben Namen hat wie der Bremser, lebt in Oberkirch.
6. Der Bremser und einer der Passagiere, ein theoretischer Physiker, besuchen dieselbe Kirche.
7. Walter besiegt den Heizer beim Billard.

Wer ist der Ingenieur?

Bevor Du Dir Deine zahlreichen Haare raufst, Bleistifte bis zum bitteren Ende abnagst oder sie einfach in die Ecke schleuderst, weil das Ganze scheinbar unlösbar ist, gibt's einen heißen Tip:

Ohne eine bestimmte Schreibtechnik ist dieses Problem wirklich nicht zu bewältigen. Am besten ist eine Matrix mit leeren Feldern für alle möglichen Kombinationen. In unserem Fall haben wir es mit zwei Mengen zu tun, wir benötigen daher mindestens zwei solcher Matrizen:

	Ingenieur	Bremser	Heizer
Walter			
Jürgen			
Michael			

	Aachen	Düsseldorf	Oberkirch
Herr Walter			
Herr Jürgen			
Herr Michael			

Jedes Feld wird mit einer 1 markiert, wenn die Kombination gültig ist, und mit einer 0, wenn die Kombintion durch die Voraussetzung verboten ist.

....

Voraussetzung 2 sagt, daß Herr Michael in Aachen wohnt, also setzen wir eine 1 in die unterste Zeile der rechten Matrix und Nullen in die anderen Felder derselben Zeile und derselben Spalte, um anzudeuten, daß **Herr** Michael nicht in Düsseldorf oder Oberkirch, und daß **Herr** Walter und **Herr** Jürgen nicht in Aachen leben.
Voraussetzung 7 schließt offenbar die Möglichkeit aus, daß Walter der Heizer ist, so daß wir eine 0 in die oberste Zeile der linken Matrix setzen.

In diesem Sinne geht es weiter!

	Ingenieur	Bremser	Heizer
Walter	1	0	0
Jürgen	0	1	0
Michael	0	0	1

	Aachen	Düsseldorf	Oberkirch
Herr Walter	0	1	0
Herr Jürgen	0	0	1
Herr Michael	1	0	0

Herr Walter ist der Ingenieur!

Demonstration Schloß Gymnich

Situation: 200.000 Demonstranten möchten Herrn Major, Herrn Jelzin, Herrn Clinton, Herrn Mitterand und Herrn Scharping auf Schloß Gymnich bei Bonn besuchen und ihnen ins Gewissen reden. In Schloß Gymnich befinden sich im ersten Stock fünf Türen nebeneinander. Der Regierungssprecher tritt den Demonstranten entgegen und teilt ihnen mit, daß sie nur dann vorgelassen würden, wenn sie ihm genau sagen würden, welche Person hinter welcher Tür wohnt. Er gibt außerdem folgende Informationen: Jede Zimmertür hat eine andere Farbe. Jeder Bewohner hat eine Lektüre (zum Beispiel Buch) und ein Spielzeug dabei. Auf dem Hof von Schloß Gymnich stehen fünf Fahrzeuge, für jeden Staatschef eines. Die Demonstranten müssen außerdem mitteilen, welcher Staatschef was liest, welches Fahrzeug ihm gehört und so weiter. Der Regierungssprecher gibt außerdem diese Auskünfte:

1. Der Leser von „Nils Holgerson" wohnt neben dem Leser von „Bonanza".
2. Mr. Clintons Tür liegt direkt neben der blauen Tür.
3. Mr. Majors Tandem wartet mit dem Fahrer auf dem Hof.
4. Der Besitzer des Rolls Royce studiert gerade „Grimms Märchen".
5. Neben dem Expander-Zieher wohnt der Fahrer des Mercedes.
6. Der Fahrer des VW-Käfers ist der Nachbar von dem Spielzeug MG-Besitzer.
7. Herr Clinton wohnt hinter der ersten Tür.
8. Hinter der mittleren Tür wird mit roten Ohren „Bonanza" gelesen.
9. Der Mercedes-Fahrer wohnt hinter der weißen Tür.
10. Der Lassoschwinger dagegen fährt einen 2 CV.
11. Gleich links neben der gelben Tür befindet sich die grüne Tür.
12. Herr Jelzin liest „Nils Holgerson" und ist ganz weg.
13. Hinter der grünen Tür werden - wie immer - Comics gelesen.
14. Herr Mitterand spielt voller Andacht Jojo.
15. Herr Scharping wohnt hinter der roten Tür.

„Und nun", fährt der Regierungssprecher fort, „beantworten Sie mir doch bitte die beiden Fragen:
a) Wer liest „Das Kapital" von Karl Marx?
und
b) Wer spielt ständig mit seiner Wasserpistole?"

Die Demonstranten beraten sich miteinander. Schließlich kommt ein ehemaliger Offizier mit Namen Mechtersheimer auf eine Idee: Wir fertigen eine Skizze an. Die sieht so aus:

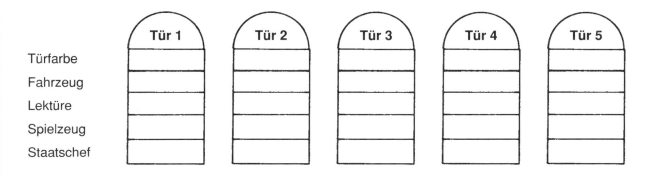

Achtung: Knicken Sie den nachfolgenden unteren Teil dieses Blattes nach hinten, oder schneiden Sie ihn ab. Wenn Sie nicht weiterkommen, finden Sie hier eine Hilfestellung. Die Zahlen in der Klammer verweisen auf die Nummern der 15 Sätze:
Herr Clinton wohnt hinter der 1. Tür (7) - eintragen! Nebenan ist die blaue Tür (2). Hinter der mittleren Tür - Tür 3 - wird Bonanza gelesen (8). Links neben der gelben Tür ist die grüne Tür (11), hinter der Comics gelesen werden (13), also müssen das Tür 4 und 5 sein, denn hinter der Tür 3 wird ja „Bonanza" gelesen, und Tür 2 ist blau. Herr Scharping muß nun hinter Tür 3 wohnen (15), die rot ist, wodurch Herr Clinton hinter der weißen Tür haust und Mercedes fährt (9). Er ist der Nachbar des Expander-Ziehers (5), der wiederum Nils Holgerson liest (1) und daher Herr Jelzin sein muß (12). Hinter Tür 5 muß dann der Besitzer des Rolls-Royce wohnen und Grimms Märchen lesen (4), Herr Major hinter Tür 4. Nach (10) muß Herr Scharping der Lassoschwinger sein. Herr Mitterand spielt Jojo (14), Herr Jelzin fährt VW (6), und Herr Clinton liest „das Kapital", und Herr Major spielt mit der Wasserpistole. Jetzt dürfen die Demonstranten herein.

Spiele unterwegs

Auto/Bus/Bahn

Die meisten der folgenden Vorschläge kennen Sie schon. Wir wollen Ihnen hier auch nur ein paar Stichworte für Ihr Gedächtnis geben, weil einem immer dann, wenn man sie gerade am dringendsten bräuchte, die Ideen wegbleiben.

Augen auf!
Drei Dinge werden bestimmt, die man auf der Fahrt entdecken muß, zum Beispiel Frau mit Hut, Kinderwagen, Wohnwagen. Wer zuerst alle drei entdeckt hat, darf die nächsten drei nennen.

Reisetoto
Jede/r Schüler/in notiert vor der Fahrt eine Schätzung, an wie vielen Ampeln, Tankstellen auf der rechten Seite, Tunnels und Brücken usw. man vorbeikommt. Kann auch zeitlich begrenzt werden.

Gerade oder ungerade
Zwei Gruppen „kämpfen" gegeneinander: eine zählt Nummernschilder mit gerader, eine mit ungerader Endziffer. Wer zuerst 20 (oder 50 usw.) hat, hat gewonnen.
Variation: Quersummen der geraden und ungeraden Nummernschilder ziehen und addieren. Wer zuerst auf 100 kommt ...

Des Lehrers Frau
„ist eine **b**ärbeißige Frau" sagt ein Schüler. Die nächste sucht eine weitere Eigenschaft, die mit „b" anfängt (barbusig, brav, bereitwillig, blind (weil sie den Lehrer geheiratet hat) usw. Wem das zu peinlich wird, der kann auch des Rektors Hund nehmen oder einen Politiker.

Rätselhafte Erdkunde
Jede/r Schüler/in stellt der Reihe nach eine Frage, auf die die anderen die richtigen Antworten wissen müssen: „In welcher Stadt steht der Eiffelturm?" „In welchem Land ißt man paellas?" „Wie heißt der größte Mittelmeerhafen der Schweiz?" - Wobei die letzte Frage die interessanteste ist, da es nämlich keinen Schweizer Mittelmeerhafen gibt, wie wir wissen...

Ping-Pong
Für jede durch 3 teilbare Zahl wird „Ping" und für jede durch 4 teilbare Zahl „Pong" gesagt: 1, 2, Ping, Pong, 5, Ping, 7, Pong, Ping, 10 usw...
Immer ein/e Schüler/in nach dem anderen.
Variation: Ping und Pong müssen auch für alle Zahlen genannt werden, die eine 3 (13, 23, 33) als Einerzahl enthalten oder eine 4, 14, 24).

Koffer-Packen real
Nicht nur: Ich habe in meinem Koffer eine Maus, ein Faß Bier, eine Jungfrau, einen Gummisauger - sondern wirklich im Bus einen Koffer (Tasche, Tüte, Schachtel) aufstellen, und jeder muß einen Gegenstand hineinwerfen:
„Ich habe in meinem Koffer einen Kaugummi von Marianne, die Brille von Eva, das Gebiß von unserem Lehrer, die Stinksocken von Lilith ..."

Ja - Nein
Einem Schüler (oder der Lehrerin) dürfen auch die heikelsten Fragen gestellt werden, die sie nur mit „Ja" oder „Nein" beantworten darf ... („Haben Sie endlich aufgehört, Ihren Mann zu schlagen?")

Der Einfall
Jeder kennt das Rätsel: Die Leute in der Straßenbahn: 20 sitzen drin. 1. Haltestelle: fünf raus, zwei rein; nächste Haltestelle: sieben rein, einer raus, usw.
Alle gähnen und zählen nur die Haltestellen, weil sie den Witz kennen, der darin besteht, nicht nach der Zahl der Fahrgäste, sondern nach der Zahl der Haltestellen zu fragen.
Daher zum Schluß die Frage: Wie viele Leute sind jetzt in der Straßenbahn? Bääh!

Auf der Rückfahrt
Der Spielleiter stellt Fragen: Was haben wir am Mittwoch nachmittag gemacht? Wie hieß die Stadt, in der das Mädchen dem Peter nachgewunken hat? usw...

Anwärm-Spiele

Tips zum Drumherum:
Wie soll man einen „bunten Abend" beginnen, wenn sich die Schüler noch nicht kennen? Was kann man für das Einlösen der Pfänder verlangen? - Hier gibt es ein paar Anmerkungen:

Für jeden gibt es einen Luftballon (Tischtennisball, Blatt Papier zum Zusammenknüllen), auf dem sein Name steht. Laute Musik, alles geht, steht, tanzt oder sitzt. Wenn die Musik aufhört, ruft der/die Spielleiter/in: „**Wegwerfen!**", und jeder muß seinen Luftballon oder den Tischtennisball usw. wegwerfen. Dann ruft der/die Spielleiter/in: „**Aufheben!**", und jeder ergreift einen Luftballon und muß nun den suchen, dessen Name darauf steht. Dem darf er dann Fragen stellen: Hobby, Lieblingsessen, erster Kuß, Schuhgröße, Beruf des Vaters, Lieblingspopgruppe usw...

Oder: Man geht mit dem fremden Luftballon herum und sucht den Eigentümer. Jeder muß mit „ja" oder „nein" antworten.

Oder: Jede/r hängt sich ein Schild um, auf das sie/er fünf große Buchstaben geschrieben hat:
K (arlsruhe), **M** (üller), **B** (arbara), **G** (itarre), **D** (reher).
Der andere muß dann jeweils versuchen herauszufinden, was sich hinter den Buchstaben genau verbirgt. An der Wand hängt eine Tapetenrolle mit Nummern, die auch auf dem Zettel stehen, für jeden Schüler eine. Hinter jeder Nummer müssen dann die Ergebnisse eingetragen werden: Stadt, Nachname, Vorname, Hobby, Beruf der Mutter. Das Erraten kann man mit ja/nein machen oder mit kalt/heiß oder mit einem kleinen Flirt....

Man kann auch ein Skatspiel verteilen und alle Könige und Buben, 7er und 8er usw. müssen sich dann gegenseitig vorstellen.

Oder man macht das **Atom-Spiel**: Der/die Spielleiter/in unterbricht die Musik und ruft: „Drei Atome" (zwei, vier), und alle Schüler müssen sich dann zu dritt (zweit, viert) aufstellen und sich vorstellen.

Oder Wilhelm-Busch-Zweizeiler werden auf Zettel geschrieben (immer nur eine Zeile) und dann werden die Karten verteilt und die Schüler müssen sich nach ihren Karten zusammenfinden:
„Jedes legt noch schnell ein Ei!"
„Und dann kommt der Tod herbei!"
oder - frei nach Goethe (Titanic):
„Erreicht den Hof, freut sich unbändig!"
„Das Kind im Arm ist quicklebendig!"

Pfänder-Spiele

Vorschläge zum Pfändereinlösen
Damit es nicht zu unmenschlich wird, kann man alle Vorschläge (auch mehrfach) auf Zettel schreiben und „ziehen" lassen. Und: wer sein Pfand so nicht holen will, kann ein weiteres Pfand abgeben.

- 4 Tierstimmen nachahmen
- sich die Nase zuhalten (oder ein Bonbon in den Mund nehmen) und ein Lied singen
- etwas Grünes essen
- ein lebendes Tier fangen
- ein Liebeslied singen
- ein Selbstbildnis malen
- eine Kartoffel schälen
- auf drei Fingern pfeifen
- zwei Minuten eine laute Reklamerede für den Bundeskanzler halten
- ein Spiegelei backen und essen
- einen Knopf hinten an die Hose nähen
- sich eine Minute lang loben
- sich eine Minute lang beschimpfen
- dem/der Lehrer/in die Wahrheit über seinen/ihren Unterricht sagen
- seinen Lebenslauf erzählen
- sich einen Vollbart anmalen lassen
- einen Bleistift mit einem Schnürsenkel hinten an die Hose binden, den Abend so rumlaufen
- mit dem Lehrer die Schuhe tauschen
- unter einem Stuhl durchkriechen, ohne ihn umzuwerfen oder mehr als 10 cm zu verrutschen
- eine Pantomime nach Auftrag machen (Besuch beim Zahnarzt, eine Spritze, im Zug, auf der Toilette, im dunklen Keller)
- selbst ein Denkmal darstellen (auf dem Stuhl)
- einen (oder mehrere) Schüler/innen zu einem Denkmal zusammenstellen

Weitere Ideen und Vorschläge finden sich in den Büchern im Literaturverzeichnis ...

Spiele für den bunten Abend und den grauen Nachmittag

Die folgenden Vorschläge lassen sich erstaunlicherweise mit großem Erfolg auch noch in 9. Klassen einsetzen. Bei unseren Aufenthalten sind sie die Dauerrenner - und Kolleginnen und Kollegen, die eigentlich spöttisch darüber den Kopf geschüttelt hatten, haben nach ihren Aufenthalten berichtet, daß sie selbst noch großen Spaß dran hatten - und so haben wir sie auch in die Neubearbeitung übernommen - zusammen mit den „New Games" die anschließend vorgestellt werden.

1. Der elektrische Schlag

Vorbereitung: Verschiedene kleine Gegenstände (Schlüssel, Füller, Blechbüchse, Armreif, Rasierapparat usw.) werden nebeneinander auf einen Tisch gelegt. Wenn möglich, organisieren Sie noch einen Trafo und ein paar Drähte.

Durchführung: Sechs Freiwillige werden aus dem Zimmer geschickt und nacheinander hereingerufen. Ihnen wird erklärt, daß einer der Gegenstände mit Hilfe des Transformators (oder an der Steckdose) elektrisch aufgeladen wurde.
Beim Berühren würde daher ein leichter, aber völlig ungefährlicher elektrischer Schlag ausgeteilt. Der jeweilige Schüler muß dann nacheinander und vorsichtig jeden der ausgebreiteten Gegenstände mit seinem Finger berühren. Berührt er den Gegenstand, auf den sich die anwesende Klasse während seiner Abwesenheit geeinigt hatte, so stößt sie einen markerschütternden Schrei aus, und der Schüler zuckt zurück, als hätte er tatsächlich einen elektrischen Schlag erhalten.

Wichtig: Der Schrei muß gleichzeitig einsetzen, genau in dem Moment, in dem der Schüler mit seinem Finger den entsprechenden Gegenstand berührt.

Und: Weisen Sie in jüngeren Klassen die Schüler/innen natürlich darauf hin, daß sie ja die Finger von der Steckdose lassen sollen.

2. Der Tierimitator

Vorbereitung: keine

Durchführung: Sie schicken wieder einige tapfere Kinder vor die Tür. Sie haben die Aufgabe, durch Pantomime und entsprechende Tierlaute ein Tier nach Wahl darzustellen, das die übrigen Schüler/innen erraten müssen.
Der Trick: Die Schüler/innen dürfen alles raten, nur nicht das dargestellte Tier. Lustig wird das dadurch, daß sich der/die darstellende Schüler/in immer intensiver bemüht, die Schüler/innen aber stur etwas anderes behaupten:
Wird zum Beispiel ein Affe dargestellt, so rufen die Schüler dann: „Frosch, Katze, Bär, Känguruh" usw. - alles nur nicht Affe.

3. Die Mutprobe

Vorbereitung: Ein Tuch, um die Augen zu verbinden (Schal, Geschirrtuch), ein großes Buch (Atlas), ein Stuhl, vier starke Schüler, ein langer Schüler.

Durchführung: Wieder werden ein paar Schüler hinausgeschickt. Dem ersten, der hereinkommt, wird erklärt, daß er mit verbundenen Augen von drei Metern Höhe herabspringen müsse. Er wird mit verbundenen Augen auf den Stuhl gesetzt (und Sie überprüfen das, indem Sie ein paar Scheinschläge vor seinen verbundenen Augen ausführen - zuckt er nicht zurück, ist die Binde anscheinend dicht). Jetzt packen die vier starken Männer je ein Stuhlbein und ab geht's in schwindelnde Höhen. Die Männer lassen den Stuhl - knapp 50 cm über dem Fußboden - stöhnend hin und her schwanken, der lange Schüler greift sich den Atlas und senkt ihn leicht auf den Kopf des Schülers, der mit immer noch verbundenen Augen auf dem Stuhl sitzt und glauben soll, er sei nun an der Decke angestoßen. Dann bekommt er die Aufforderung „**Spring!**" und springt nun ängstlich aus vermeintlich großer Höhe herunter.

4. Der Tanz auf der Zeitung

Vorbereitung: Ein Zeitungsblatt für jedes Tanzpaar, langsame Tanzmusik.

Durchführung: Jedes Paar nimmt das Doppelblatt einer Zeitung und breitet es auf dem Boden aus. Auf Ihr Startzeichen hin setzt die Musik ein, und die Paare müssen auf der Zeitung tanzen. Nach einiger Zeit wird die Musik unterbrochen, und alle Paare müssen ihre Zeitung auf die Hälfte zusammenfalten. Und weiter geht es. Solange, bis einer der beiden (oder beide) nicht mehr auf der Zeitung tanzen können. Auch Steh-Blues ist erlaubt und das Hochheben ebenfalls - oder ein Partner stellt sich auf die Füße des anderen.
Insgesamt also ein Spiel für stämmige Tanzpartner. Das Paar, das am längsten auf der Zeitung ausgehalten hat, hat gewonnen und darf zur Be-

lohnung das Holz für das Lagerfeuer am nächsten Tag besorgen.

5. Gespräche über das Wetter

Vorbereitung: Eine Uhr, zwei Stühle
Durchführung: Die Stühle sollen eine Ecke in einem Café darstellen. Ein Paar (also vorher vier bis sechs Paare hinausschicken) betritt den Raum, in dem die anderen Schüler warten, und die „Dame" nimmt auf einem der freien Stühle Platz.
Der „Herr" bittet darum, auf dem anderen freien Stuhl Platz nehmen zu dürfen und beginnt eine beliebige Unterhaltung. Herr und Dame sind sich sozusagen fremd und müssen nun anfangen, Konversation miteinander zu treiben. Der Schüler, dem die Uhr gehört, stoppt die Zeit bis zu dem Moment, an dem das Gespräch das Thema „Wetter" berührt. Daß es hierauf ankommt, darf das Paar natürlich nicht wissen.
Um auch die zurückhaltenden Schüler zum Sprechen zu bringen, können Sie eine Zeit vereinbaren, innerhalb derer die Gespräche stattfinden sollen. Gewinner ist das Paar, das das Thema „Wetter" am längsten vermeiden konnte. Gibt es mehrere Gewinner, entscheidet das Los.
Kommt es während des Spiels zu Stockungen, muß der Spielleiter entweder eingreifen und von sich aus weitere Gesprächsthemen anbieten (Sport, Politik, Liebe, Zeugnisse) oder das nächste Paar drannehmen.

6. Ein Frosch - zwei Froschschenkel

Vorbereitung: Alle Schüler/innen sitzen im Kreis.
Durchführung: Die erste Schülerin beginnt: „Ein Frosch" - der zweite Schüler fährt fort: „Zwei Froschschenkel" - die dritte ergänzt: „fallen ins Wasser" und der vierte beendet: „Plumps!".
Die fünfte beginnt wieder von vorn, erhöht die Zahl aber um eine: „Zwei Frösche" - „vier Froschschenkel" - „fallen ins Wasser" - „Plumps" - „Plumps".
Jeder Satzteil wird von einer neuen Schülerin gesprochen. Die Anzahl ist dieselbe wie die Anzahl der Frösche, wird aber von jeweils einem neuen Schüler gesprochen. Wer sich verspricht, wird zum/zur Froschkönig/in ernannt und bekommt von der Klassensprecherin/dem Klassensprecher den erlösenden Kuß, der ihn wieder zur Teilnahme berechtigt. Dieser Kuß kostet 1,- DM (oder 10 Pfennig), die in die Klassenkasse wandert.
Von diesem Geld wird zum Schluß irgendein Nervenberuhigungsmittel für den Busfahrer erstanden, über das er sich wirklich freut ...

7. Wasser im Schiff

Vorbereitung: Kleine Schülergruppen (ca. 5 Personen), für jede Gruppe eine Schüssel mit Wasser, einen Becher, einen Würfel, einen Wassereimer und einen Fingerhut.
Durchführung: Jede Gruppe setzt sich an einen Tisch, auf dem die Schüssel steht, zu drei Vierteln mit Wasser gefüllt. In ihr schwimmt ein zur Hälfte mit Wasser gefüllter Becher. Jeder, der eine gerade Zahl (oder eine 6, eine 1 usw.) würfelt, entnimmt mit dem Fingerhut dem Eimer Wasser und füllt dieses in den schwimmenden Becher. Irgendwann ist der Becher voll und versinkt in der Schüssel. Der Pechvogel, der ihn versenkt hat, muß ein Pfand abgeben oder darf sich beim Abendessen erst als letzter bedienen. Wer durch Wackeln am Tisch einen anderen zum Pechvogel macht, nimmt dessen Platz ein.

8. Schokolade essen mit Messer und Gabel

Vorbereitung: Kleinere Schülergruppen (5-6 Schüler), für jede Gruppe: 1 Tafel Schokolade, zweimal mit Packpapier verpackt und jedes Mal verschnürt, 1 Besteck, 1 Mütze, 1 Paar Handschuhe, 1 Schal oder Halstuch, 1 Würfel
Durchführung: Jede Gruppe sitzt an einem Tisch, in der Mitte liegt die verpackte Tafel Schokolade. Daneben die Hilfsmittel: Besteck, Mütze, Handschuhe und Halstuch. Ein Schüler beginnt mit den Würfeln. Wer zuerst eine 6 hat, zieht Halstuch, Mütze und Handschuhe an und beginnt, mit dem Besteck die Tafel Schokolade aufzuschnüren (ist sie zu hinterlistig verpackt, darf die Schnur auch aufgeschnitten werden. Besser ist natürlich das sorgfältige Aufschnüren).
Auch die Verpackung muß richtig aufgefaltet werden. Nähert man sich der Tafel Schokolade, wird es immer spannender, denn bei jeder 6, die ein anderer Schüler würfelt, muß dieser die Utensilien anziehen, das Besteck ergreifen und selbst weiter auspacken. Ist die Tafel freigelegt, darf sie mit Hilfe des Bestecks Stück für Stück gegessen werden - bis zur nächsten 6.

9. Ballon unterm Po

Vorbereitung: Entsprechend der Anzahl der Schüler werden kleine Luftballons eingekauft (oder aus den gefüllten Schränken der Sparkassenwerber erbeten). Als Notlösung können auch

Papiertüten verwendet werden. Außerdem Holzpfähle und Stühle (Anzahl richtet sich nach der Zahl der Mannschaften).
Durchführung: Die Klasse wird in mehrere gleich starke Gruppen aufgeteilt. Diese Gruppen stellen sich hintereinander auf - und neben den/die erste in der Reihe einen Stuhl. In einiger Entfernung werden vor jede Mannschaft Holzpfähle in den Boden gesteckt (oder zum Beispiel auf Asphalt Markierungen mit Kreide angebracht). Jede Mitspieler/in hat einen leeren Luftballon in der Hand. Auf das Startzeichen hin rennt von jeder Mannschaft die erste los und bläst im Laufen den Luftballon auf, umrundet den Holzpfahl (oder die Markierung), rast zurück, läßt sich auf den bereitgestellten Stuhl fallen, wobei sie sich auf den Luftballon setzt, der durch ihr Körpergewicht zum Platzen gebracht werden muß. Platzt er nicht, so muß er eben noch stärker aufgeblasen werden oder die Spielerin muß sich mit mehr Wucht und gezielter auf den Luftballon schmeißen.
Der Knall der Luftballons ist das Startzeichen für den/die zweite/n in der Reihe usw. .
Die Gruppe, die zuerst fertig ist, nimmt an einem Wettbewerbsblasen teil. Wer mit Hilfe seiner Atemluft zuerst einen Ballon zum Platzen bringt, wird zum EKAZ ernannt (= Erster Knaller aller Zeiten).

10. Wäscheleinenluftballonwettrennen

Vorbereitung: Einen Haufen „Gurkenluftballons" (die langen, schmalen), viele Meter Drachenschnur, ein Paket extra dicker Plastik-Trinkhalme und Tesafilm.
Durchführung: Die Luftballons werden soweit wie möglich aufgeblasen, das Mundstück festgehalten. In Längsrichtungen bekommen sie einen Trinkhalm mit Tesafilm aufgeklebt. Durch diesen Trinkhalm wird eine 10, 20 oder 100 m lange Drachenschnur geführt, deren Ende das „Ziel" darstellt. Wenn man nun die Luftballons losläßt, entweicht die Luft. Durch das Rückstoßprinzip wird der Ballon nach vorn getrieben. Durch die Trinkhalme und die Schnur hat er eine Führung erhalten. Je nach Öffnungsgröße des Mundstücks zischt der Luftballon schneller oder langsamer, ausdauernder oder kurzatmiger davon, unter dem Jubel der Schüler und Kollegen. Das kann als Wettfliegen gemacht werden (oder als Langsamfliegen, indem die Mundstücke so präpariert werden, daß sie nur langsam die Luft abgeben).
Man kann die Luftballons bemalen, beschreiben (Filzstifte), ihnen Lehrernamen geben und Wetten auf den Schnellsten abschließen. Man kann Schnüre senkrecht spannen (an einer Hauswand und oben ein Glöckchen anbringen), man kann Klorollenpapprören mit Tesafilm an den „Bauch" eines Luftballons binden und darin Liebesbriefe verschicken, man kann den Luftballons Schwänze aus buntem Papier ankleben und und und ...

11. Känguruh

Vorbereitung: keine
Durchführung: Jeweils drei Schüler bilden ein „Känguruh": sie stellen sich hintereinander auf und fassen den Vordermann an den Hüften. Es können beliebig viele Känguruhs gebildet werden. Und dann geht es los zu einem kombinierten „Allgemeinwissen- und Sprungtest".
Und so sieht er aus: Das Oberkänguruh (das ist der mit dem größten Beutel) stellt eine Frage, die entweder mit „ja" oder „nein" oder sonstwie kurz und eindeutig beantwortet werden kann („Wer möchte Kanzler werden?" - „..."). Das Känguruh, das die Frage als erstes richtig beantwortet hat (alle Teile des Känguruhs beraten gemeinsam, der erste ruft die Antwort) macht einen möglichst großen Satz auf die Ziellinie hin, d.h. alle drei Schüler, die ein Känguruh bilden, springen gemeinsam in **einem Sprung.** Das Känguruh, das nach mehreren Sprüngen zuerst die Ziellinie überquert hat (alle Schüler müssen drüber sein), hat gewonnen.
Und: bei einer falschen Antwort muß das Känguruh einen Schritt rückwärts gehen - die Länge, etwa 1 m, kontrolliert vom Oberkänguruh ...

12. Die böse Eins

Vorbereitung: 1 Blatt Papier, 1 Bleistift, 1 Würfel
Duchführung: Das Blatt Papier wird längs unterteilt, pro Spielerin ein Längsfeld, in das jeweils die Summe ihrer erwürfelten Augenzahl notiert wird. Es wird reihum gewürfelt. Jede würfelt, solange sie Lust hat und addiert immer ihre gewürfelte Augenzahl. Theoretisch könnte die Spielerin unendlich lange würfeln und eine unendlich hohe Summe erreichen - wenn nicht eine 1 dazwischenkäme. Die 1 macht alles zunichte.
Das heißt: Jede würfelt auf Risiko und bricht dann ab, wenn sie der Mut verläßt oder eine 1 ihr in dieser Runde Null Punkte einbringt.

13. Grafix

Vorbereitung: 1 Blatt Papier (möglichst Karo), 1 Bleistift, 1 Würfel

Durchführung: Pro Wurf muß die Spielerin einen 2-cm-langen Strich machen, nach oben, nach unten, nach rechts, nach links.
Die Augenzahlen haben folgende Bedeutung:
1 nach oben
2 nach rechts
3 nach unten
4 nach links
5 bedeutet Aussetzen
6 kann als Joker eingesetzt werden oder:
6 bedeutet, daß man aus dem Spiel fliegt.
Aufgabe ist es, möglichst im Blatt zu bleiben. Denn wer den Rand überschreiten muß, hat verloren.

14. Minimühle

Vorbereitung: 1 Blatt Papier, 1 Bleistift
Durchführung: Ein Quadrat wird in 9 Felder unterteilt (4 Striche längs, 4 Striche quer). Der eine Spieler malt Kreuze, der andere Kreise.
Pro Zug darf man in jedes beliebige Feld, das noch nicht besetzt ist, sein Kreuz bzw. seinen Kreis malen. Gewonnen hat, wer seine Zeichen entweder quer, längs oder diagonal in die Mühle-Position bringen kann (3 gleiche Zeichen nebeneinander).

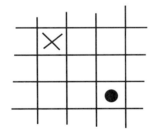

15. Punkt und Strich

Vorbereitung: 1 Blatt Papier, 1 Bleistift
Durchführung: 3 Punkte werden in beliebiger Anordnung auf dem Papier vorgegeben.
Spieler A verbindet - egal wie (kurz, lang, gewunden) 2 Punkte miteinander und bringt dann irgendwo auf der neugezogenen Linie einen neuen Punkt an.
Spieler B verbindet nun seinerseits 2 Punkte miteinander und bringt auf seiner Linie wiederum einen neuen Punkt an.
Es entstehen also auf allen neuen Linien Punkte, die zum Verbinden benutzt werden dürfen.

Aber: Linien dürfen sich nicht kreuzen und von 1 Punkt dürfen nicht mehr als 3 Linien ausgehen. Derjenige, der keinen Punkt mehr zum Anschluß findet, hat verloren. Es ergeben sich wilde Gebilde von eigenartiger Schönheit.

16. Strichpyramide®

Vorbereitung: 1 Blatt Papier, 1 Bleistift
Durchführung: Vor jedem neuen Durchgang malt man folgende Strichpyramide auf:

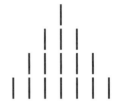

Im Wechsel dürfen die Spielerinnen einen bis beliebig viele Striche abstreichen.
Bedingung: Man muß in einer Zeile bleiben und einen Strich pro Zeile übriglassen.
Die Letzte, die noch abstreichen kann, hat gewonnen.
Die Regel, die einen unschlagbar macht, findet man nach etwa 10 Durchgängen, manche finden sie nie (und irren heute noch durch Schulämter und Oberschulämter).

17. Sortieren

Vorbereitung: keine
Durchführung: Entweder ganze Klassen oder Gruppen mit gleicher Anzahl der Mitspieler sortieren sich (ohne miteinander zu sprechen) nach den vom Oberkänguruh genannten Angaben:

- nach dem Alter
- nach der Schuhgröße
- nach der Haarfarbe
- nach dem Gewicht
- nach der Schönheit
  (nur mit standfesten Schülern machbar)
- nach der Nasenlänge

Dies kann auch als Ratespiel durchgeführt werden. Eine/r muß während der Beratung vor die Tür. Die Gruppe sortiert sich nach einem Gesichtspunkt. Nun muß erraten werden, nach welchem.

Schullandheim & Gruppenfahrt: Spiel Nr. 18: Stadt-Land-Fluß 67

Stadt - Land - Fluß

Stadt	Land	Fluß	Tier			Punkte

Spielregel: Zwei Spieler sollten es schon sein: Der eine sagt in Gedanken das Alphabet auf, der andere ruft STOP! Dieser Buchstabe wird als Anfangsbuchstabe genommen und alle Mitspieler suchen dann nach entsprechenden Wörtern. Wer zuerst die Zeile voll hat, ruft STOP! Haben 2 oder mehr Spieler dasselbe Wort, gibt's für jeden 5 Punkte, haben sie verschiedene Wörter, 10 Punkte. Hat nur einer ein entsprechendes Wort: 20 Punkte. Übrigens, man kann auch Berufe, Pflanzen, Adjektive, Getränke, Automarken, Gegenstände aus der Schule oder dem Haushalt suchen lassen. Und: 50 Blätter dieser Art gibts beim AOL-Verlag, 77839 Lichtenau, ✆ (07227) 95 88-0. 50 Blatt für nur 3.- DM. Best.Nr. A380.

Gesamt

Stadt - Land - Fluß

Stadt	Land	Fluß	Tier			Punkte

Spielregel: Zwei Spieler sollten es schon sein: Der eine sagt in Gedanken das Alphabet auf, der andere ruft STOP! Dieser Buchstabe wird als Anfangsbuchstabe genommen und alle Mitspieler suchen dann nach entsprechenden Wörtern. Wer zuerst die Zeile voll hat, ruft STOP! Haben 2 oder mehr Spieler dasselbe Wort, gibt's für jeden 5 Punkte, haben sie verschiedene Wörter, 10 Punkte. Hat nur einer ein entsprechendes Wort: 20 Punkte. Übrigens, man kann auch Berufe, Pflanzen, Adjektive, Getränke, Automarken, Gegenstände aus der Schule oder dem Haushalt suchen lassen. Und: 50 Blätter dieser Art gibts beim AOL-Verlag, 77839 Lichtenau, ✆ (07227) 95 88-0. 50 Blatt für nur 3.- DM. Best.Nr. A380.

Gesamt

19. „Einfälle"

Vorbereitung: 1 Bleistift, Spielplan
Durchführung: Jede/r Mitspieler/in ehält eine Kopie dieses Blattes. Jedes Blatt enhält vier Spielabschnitte, jeder Spielabschnitt vier Spiele (dieses Blatt reicht also für 16 Durchgänge). Der Spielleiter nennt (oder zieht aus vorbereiteten Zetteln) einen Begriff (Politik, Liebe, Auto, Zeugnis, Koffer...). Die Mitspieler/innen schreiben den genannten Begriff in die erste Zeile ihres Spielabschnitts und notieren darunter sieben Substantive, die ihnen zu dem Begriff einfallen (jeweils hinter die Zahlen 1 bis 7). Der erste Spieler liest seine Substantive vor. Haben ein weiterer Mitspieler (oder mehrere) dasselbe Substantiv, so erhält jeder dieser Spieler die Anzahl derselben Substantive als Punkte gutgeschrieben (die Puntkzahl wird in der dritten Spalte eingetragen). So geht es der Reihe nach weiter.

Auf Wunsch können Zusatzpunkte vereinbart werden. Sieger ist, wer nach 4 Spielen die meisten Punkte gesammelt hat.

Die neuen Spiele - Spiele für Viele

Vielleicht gelingt es Ihnen - und eine ganze Jugendherberge tanzt und swingt, sockelt und boffert, reicht Leute und Erdbälle weiter und lacht und kreischt und geht Ihnen auf die Nerven (oder auch nicht) - jedenfalls: das sind die **New Games**, die Hits, von denen auf „Schulleben-Fortbildungskursen" sogar ältere Kollegen mit glänzenden Augen berichten ...

Manche sind ohne Hilfsmittel möglich, wie das berühmte

Schoßsitzen

Es gilt immer noch, den Rekord beim Spielfest in Essen vom 18. Juni 1978 zu brechen, bei dem 2.500 Menschen sich zu einem Gruppensitzen niedergelassen hatten.

Und das geht so:

Der erste Mitmensch legt sich mit angezogenen Knien auf den Rücken, der zweite setzt sich auf seine Knie, der dritte auf die Knie des zweiten usw. Wenn alle 752 Mitmenschen auch so sitzen, sollte der Kreis geschlossen sein und der erste wird auf die Knie des letzten gesetzt.

Oder: Alle Mitspieler stellen sich im Kreis auf, Schulter an Schulter, schön eng. Dann drehen sich alle nach links und setzen sich vorsichtig auf die Knie des Nachbarn.

Die schönsten, weichsten, griffigsten, zärtlichsten und liebsten Mitmenschen werden anschließend für dieses Spiel gewonnen:

Leute Weiterreichen

50, 100, 200, 500 Menschen sitzen, stehen oder liegen nebeneinander. Plötzlich wird einer hochgehoben und weitergereicht, von vielen gleichzeitig getragen, schwebt er über den Menschen und den Dingen und den Fährnissen des Alltags.

Dazu reichen Sie: einen leichten trockenen Weißwein und Variationen von Bach.

Amöbenrennen

Zehn Leute in die Mitte, 15 außenrum, aneinandergehakt, mit dem Gesicht nach außen. Und dann geht es los - über die Wiese, um den Schulhof, ins Wasser - als Wettrennen, Amöbenstaffel usw. .

Großes Tauziehen

Kennen Sie? - Kennen Sie nicht: Ein Seil mit drei Enden (und drei Markierungspunkten, über die der/die Gegner hinweggezogen werden müssen. Der Mittelknoten gilt. Da gibt es Überläufer, unbeabsichtigte und freiwillige Helfer. Und wenn bei einem heißen Sommerfest als Markierungspunkt ein Rasensprenger angestellt wird, dann macht es doppelt Spaß. Wem das zu wenig Körperkontakt und zu große Kraftanstrengung ist, wie wäre es mit den

Schlangenhäuten

ein Spiel ohne Schuhe und ohne Zwischenräume: Stell Dich mit gegrätschten Beinen hin und lange mit Deiner linken Hand durch die Beine hindurch nach der rechten Hand Deines Hintermannes/Deiner Hinterfrau. Der Mitmensch vor Dir hat mit seiner linken Hand durch seine Beine nach Dir gegriffen und Du gibst ihm Deine rechte Hand.

Auf „Los" legt sich der letzte in der Reihe auf den Rücken und zieht den Vordermann mit, der vorsichtig über ihn hinwegstakt und sich gleich hinter ihm auf den Boden legt. Und so weiter ... .

Und: Nie die Hände loslassen! Und wieder zurück! Und losrennen und wieder von vorn ... .

Und dann gibt es noch die 88 Fallschirm-Erdball-Spiele. Dazu brauchen Sie als Hilfsmittel Erdbälle und Fallschirme.

Aber: große Werbe-Wasserbälle und Bettücher tun es notfalls auch.

Und ... die Luftballonspiele ...
(99 Spielvorschläge mit Luftballons - Sparkassen und Volksbanken zeigen sich hier immer sehr großzügig).

Und ... die Mikadospiele ...
(111 Spielideen mit großen oder kleinen Stäben, Stöckern, Besenstielen ...)

Einen ganzen Vor- oder Nachmittag bestreiten Sie mit den beiden Nonsense-Olympiaden.

Nonsense-Olympiade 1
Vom Teebeutelweitwurf bis zum Flossenlauf:

Nonsense-Olympiade 2
neue Zimmer- und Flurspiele wie Murmelmeeting

Literatur, Bezugsquellen, Fallschirme über:

AOL-Verlag, Postfach 8, 77837 Lichtenau,
Tel. 07227-95 88-0, Fax 07227-95 88 95

Unterwegs-Lied

T: H. Beuschel-Menze
M: P. Wänke

Raus aus der Stadt! Rein in die Welt! Heu-te sind wir un-ter-wegs!

Wer jetzt Schu-le hat, den Mor-gen stil-le hält, hat doch si-cher was am

Keks! (Ref.:) Ja wir sind heu-te hier und mor-gen dort,

täg-lich wech-seln wir den Ort. Von da

komm'n wir her, in ge-fällt's uns sehr!

2. Fort von der Mama! Weg von dem Papa! Endlich sind sie uns mal los!
Wenn wir Heimweh kriegen, werden wir's besiegen: ist die Freude riesengroß!

3. Lacht mich jemand an, strahle ich zurück: freu mich über diesen Tag!
Macht mich einer an, verschwend ich keinen Blick, weil ich keinen Ärger mag.

4. Schön ist unsre Welt! Auch mit wenig Geld! Wir wolln, daß sie noch lange hält!
Drum sagen wir voll Mut: Wer ihr etwas tut, der kriegt eine auf den Hut!

5. Ist die Reise aus, kommen wir nach Haus. Endlich sind wir wieder da!
Alles wie gewohnt! Die Fahrt hat sich gelohnt! Doch schöner ist's bei der Mama!

in ge-fällt's uns mehr.

Schullandheim & Gruppenfahrt: Organisierte Fahrten

Schulfahrtendienst international

Wir haben unsere Schullandheimaufenthalte immer selbst organisiert. Mit zunehmendem Alter, Haarausfall und schlechteren Nerven fragen wir uns, ob wir uns nicht eine ganze Menge Arbeit (und vielleicht auch Ärger) hätten sparen können. Schließlich vertraut man ja auch die Organisation der eigenen Urlaubsreise oft einem Reiseveranstalter an. Warum dann nicht zum Beispiel einem Schulfahrtendienst? Vielleicht testen Sie selbst einmal.

Wir haben Klaus Lang vom Schulfahrtendienst international gebeten, uns einige Beispiele aus seinem Angebot 1994/95 vorzustellen:

Toskana und Gardasee
7 Busreisetage
3 Übernachtungen am Gardasee/App.
3 Übernachtungen Torre del Lago/Camp-Häuser
200 km frei am Aufenthaltsort
Selbstverpflegung
Programmvorschlag

Preis: 245,- DM

Gardasee

1. Steife Brise am Gardasee
   Surftage am Gardasee in Theorie und Praxis
2. Garten Italiens - Monte Baldo (für Biologen)
   alle Vegetationsstufen an einem Berg
3. Eintritt in die Welt des Südens
   Von Gabriele D'Annunzio bis Henry Dunant
4. Auf römischen Spuren - Von Verona bis Soave
5. Lesebuch der Geologie - Das Sarcatal

Toskana

1. Florenz - eine Wiege europäischer Kultur
2. Marmor für die ganze Welt - Carrara/Lucca/Pisa
3. Ins „Wüsten"- und Weinland - Siena und 80 km
4. Pferde, Rinder und viel Natur

Willkommen in Europa
Tsch. Republik oder Polen
6 Tage Busrundreise
5 Übernachtungen/HP
Besichtigungsprogramm
Preis 245,- DM

Erzgebirge
Auf der Silberstraße nach Dresden
5 Bustage
4 Übernachtungen/VP
Programmvorschläge
Preis: 222,- DM

Europ. Hauptstädte
London
6 Bustage/Fähre
(Nachtrückfahrt)
4 Übernachtungen/VP
Programmvorschläge
Preis: 269,- DM

Für den kleinsten Geldbeutel
63 mal Klassenfahrten in Deutschland und Europa unter 200,- DM
5 Bustage (Nachtfahrt)
3 Übernachtungen/HP
Preis: 185,- DM bis 196,- DM

Klassenfahrten sind das Salz in der Suppe im Schulleben und so mancher „Planer" läuft zum großen „Organisator" auf. Häuservergleich, Freiplätze erst ab 22 Personen? Ist das nicht auch schon ab 16 Personen möglich? Einzelzimmer, HP (Mittagessen brauchen wir nicht, wir bedienen uns beim Frühstück), Preisvergleich der Busangebote mit Toilette? Geht es auch ohne? Bekommen wir dann 100 Frei-km mehr? Ist die Bundesbahn günstiger?

Andere würden gern den pädagogischen Freiraum einer Gruppenfahrt und die Chancen des gemeinsamen Lebens in der Gruppe nutzen, wenn da nicht „der ganze Organisationskram wäre".

Da sind die Angebote der Schulklassenfahrtenveranstalter nicht nur für „Organisationsmuffel" eine Hilfe. Das Angebot ist überreichlich. Gute Gründe sprechen dafür, die Vorteile (und davon gibt es sehr viele) zu prüfen.

- Leichter Preisvergleich der gesamten Reisekosten (Transport, Unterbringung, Verpflegung, Programmkosten). Dadurch Schutz vor Überraschungen.
- Die große Konkurrenz auf diesem Markt erzwingt günstige Preise.
- Gute Ortskenntnisse
  (Erfahrungsberichte früherer Gruppen).
- Hilfe bei der Programmabwicklung vor Ort durch „die richtigen Kontakte".
- Arbeitsmaterialien über erprobte Projekte.
- Organisierte Begegnungen mit anderen Gruppen.
- Kleingruppenservice (kleine Gruppen reisen gemeinsam).

Nähere Auskunft erteilt der
Schulfahrtendienst international,
Oststraße 1
59174 Kamen
Telefon und Fax: 02307 - 39152

Erste Hilfe

Sie finden hier einen Kurzauszug aus dem Erste-Hilfe-Buch der AOL nach den Anleitungen von Dr. Eva Hoffmann. Das Buch beschränkt sich auf die wichtigsten Unfallmöglichkeiten, wie sie gerade bei einer Gruppenfahrt auftreten können, hat ein Griffregister mit aufgedruckten Stichworten (für den blitzschnellen Zugriff in hektischen Situationen) und wird an einem kleinen Kettchen griffbereit dort aufgehängt, wo es am ehesten gebraucht werden kann: Im Leiterzimmer, in der Aula, im Bus.... Es kann unter der Bestellnummer A214 beim AOL-Verlag bezogen werden und ist auch ein beliebtes Mitbringsel für Herbergseltern.

Vergiftungen

Bei dem Verdacht, ein Kind habe etwas Giftiges geschluckt oder getrunken:

1. Holen Sie unverzüglich ärztliche Hilfe! Setzen Sie sich außerdem mit der nächstgelegenen Giftzentrale in Verbindung. - Beachten Sie hierzu die Notrufnummern auf der Umschlag-Rückseite des Erste-Hilfe-Buches oder zur Not: 110

2. Versuchen Sie herauszufinden, was das Kind zu sich genommen hat.
Falls es sich um eine Pflanze oder um einen Pilz handelt, nehmen Sie davon ein Exemplar an sich, damit Sie es beschreiben können. Falls es sich um eine chemische Substanz handelt, versuchen Sie die möglichst genaue Bezeichnung zu beschaffen (Beschriftung auf der Flasche oder dem Behälter), bevor Sie die Giftzentrale anrufen.

3. Das Kind sollte sich **nicht** erbrechen, wenn es Essig, Säure, Ammoniak, Benzin, Kerosin oder Ähnliches geschluckt hat, da diese Flüssigkeiten beim Erbrechen in der Speiseröhre ätzen. In diesem Falle sollte das Kind viel Wasser trinken.

4. Das Kind sollte sich erbrechen, wenn es Medikamente oder giftige Pflanzen verschluckt hat. Verabreichen Sie hierzu Milch und versuchen Sie, durch Kitzeln des Gaumensegels (Zäpfchen) mit dem Finger Erbrechen hervorzurufen.

Bisse und Stiche

Bei Insektenstichen:

Insektenstiche sind für das Kind in der Regel unangenehm und schmerzhaft, sind aber selten eine Gefahr.

Falls jedoch das Kind unter allergischen Reaktionen leidet, wie zum Beispiel Kurzatmigkeit, Keuchen, Fieber, Bewußtlosigkeit oder Verwirrtheit, Schwellungen, Ausschläge:

- Sorgen Sie sofort für ärztliche Hilfe, denn Sie selbst können jetzt nichts tun!

In allen anderen Fällen

1. Entfernen Sie den Stachel einer Biene oder einer Wespe mit einer Pinzette;
Zecken müssen ebenfalls entfernt werden, wobei darauf geachtet werden muß, daß der Kopf der Zecke vollständig entfernt wird. Anschließend sollten Sie einen Arzt um Rat fragen, da in manchen Gegenden die Gefahr der Übertragung einer ansteckenden Krankheit besteht (Borreliose oder Frühsommer-Hirnhautentzündung).

2. Waschen Sie die Stichstelle mit kaltem Wasser und Seife aus.

3. Tragen Sie eine juckreizlindernde Salbe auf.

Bei Schlangenbissen:

Das Kind sollte ruhig liegenbleiben. Benachrichtigen Sie sofort einen Arzt.

Knochenbrüche

Alle Knochenbrüche müssen fachgerecht behandelt werden; schlecht behandelte Brüche im Hals- und Rückenbereich können lebensbedrohlich sein oder schlimme Folgen nach sich ziehen.

- Wenn ein Knochenbruch im Hals- oder Rückenbereich vermutet wird, das Kind **nicht** bewegen! Warten, bis Arzt oder Krankenwagen kommt.

Bei allen anderen Knochenbrüchen:

1. Das Kind sollte sich ruhig verhalten.

2. Setzen Sie sich mit einem Notarzt in Verbindung, so daß das Kind in ein Krankenhaus gebracht werden kann.

3. In dem Falle, daß Sie das Kind selbst in das nächstgelegene Krankenhaus bringen müssen, verwenden Sie am besten eine Schlinge oder Schiene.

4. Alle Knochenbrüche müssen von geschultem Personal geröntgt und behandelt werden.

Schlingen: Brüche im Bereich des Schlüsselbeins, der Schulter, des Arms, der Hand oder der Finger können vorübergehend mit Hilfe einer Schlinge ruhiggestellt werden.

Schienen: Eine Schiene kann verwendet werden, um ein gebrochenes Bein ruhigzustellen. Sie kann aus Metall, Pappe oder aufgerollten Zeitungen bestehen. Sie sollte starr aber nicht zu schwer sein und vor allen Dingen nicht so eng angepaßt sein, daß sie abschnürt. Legen Sie die Schiene von der Achselhöhle bis zu den Zehen an, wenn der Oberschenkel gebrochen ist. Bei einem gebrochenem Unterschenkel oder Knöchel sollte die Schiene von der Hüfte bis zu den Zehen reichen.

Ertrinken und Wiederbelebungsversuche

Kinder sollten so früh wie möglich das Schwimmen lernen. Beobachten Sie alle Kinder genau, wenn sie in Wassernähe sind.

Kein Kind sollte in einem ungesicherten und unbeaufsichtigten Bad oder alleine am Strand schwimmen. Keines sollte alleine in Wasser schwimmen, in dem es

nicht mehr stehen kann.

Gerät ein Kind im Wasser in Schwierigkeiten:

1. Ertrinkende Menschen geraten sehr leicht in Panik und bringen somit auch ihre Retter in lebensbedrohende Situationen. Schwimmen Sie nur zu dem Kind und versuchen es zu retten, wenn Sie selbst auf solch eine Situation vorbereitet sind.
2. Holen Sie sofort Hilfe.
3. Versuchen Sie das Kind mit Hilfe eines Rettungsringes oder einer Rettungsstange zu erreichen.

Verbrühungen und Verbrennungen

Führen Sie vorbeugend Feuerlöschübungen durch, so daß die Kinder Verhaltensregeln bei Bränden kennen und zum Beispiel wissen, wie sie sich aus brennenden oder verrauchten Gebäuden retten können.

Halten Sie die Kinder in sicherer Entfernung von Herdplatten und Grillplätzen.

Töpfe und Pfannen mit heißem Wasser oder Fett sollten außer Reichweite der Kinder sein, und falls Kinder kochen, sollte dies nie ohne Beaufsichtigung durch einen Erwachsenen geschehen.

Vergewissern Sie sich, daß Öfen und Feuerstellen, alles, was wärmt und heizt, durch Roste abgesichert sind.

Schützen Sie die Haut des Kindes vor Sonnenbränden durch Sonnenmilch mit hohem Lichtschutzfaktor.

Wenn ein Kind Verbrennungen erlitten hat:

1. Kühlen Sie die verbrannte Hautstelle sofort mit kaltem Wasser oder mit irgendwelchen anderen kalten Gegenständen, zum Beispiel mit tiefgekühlten Lebensmitteln, Akkus oder Metall. Dies lindert den Schmerz und verringert die Folgeschäden der Verbrennung.
2. Überprüfen Sie Folgendes
Ist die Haut dunkel verfärbt oder sind Blasen entstanden?
Ist die Verbrennung großflächig?
Ist die Verbrennung auf den Händen oder im Gesicht?

Fordern Sie unverzüglich ärztliche Hilfe an, wenn auch nur eine Frage mit „ja" beantwortet wird.

Denken Sie daran:

Berühren Sie keine Blasen.

Tragen Sie keine Salben auf die Wunden auf.

Gegen die Schmerzen kann unter Umständen ein Beruhigungs- oder Schmerzzäpfchen gegeben werden. Nehmen Sie Schmerzen jedoch nicht als Maß dafür, ob ärztliche Hilfe gebraucht wird oder nicht. Schwere Verbrennungen rufen keine starken Schmerzen hervor, da die Nervenenden zerstört worden sind.

Wenn die Kleidung eines Kindes Feuer gefangen hat:

1. Das Kind darf nicht herumlaufen, da das Feuer dadurch nur noch schlimmer wird.
2. Das Kind soll sich auf dem Boden wälzen, so daß die Flammen gelöscht werden. Um Flammen zu ersticken, können Mäntel und Decken verwendet werden.
3. Versuchen Sie **nicht**, Kleidungsstücke von verbrannten Hautstellen zu entfernen. Verständigen Sie sofort einen Notarzt.

So fordern Sie in Notfällen Hilfe an

1. **WER** ist am Apparat?
2. **WO** ist etwas passiert?
3. **WAS** ist passiert?
4. **WER** braucht Hilfe?
5. **WANN** ist es passiert?
6. **WIE** ist es passiert?

Wichtige Telefonnummern:

Polizei _____

Feuerwehr _____

Giftzentrale _____

Krankentransport _____

Notarzt _____

Kinderarzt _____

Krankenhaus _____

Was gehört in eine Reiseapotheke?

Nehmen Sie die nachfolgend abgedruckte Liste und fragen Sie Ihren Arzt oder Apotheker (aus verständlichen Gründen ist diese Liste nicht im Erste-Hilfe-Buch):

- ❏ Antiallergene
- ❏ Augenschützer
- ❏ Bepanthen-Salbe
- ❏ Beruhigungsmittel
- ❏ Brandgel
- ❏ Desinfektionsmittel
- ❏ Dreiecktücher
- ❏ Elastische Binden
- ❏ Fieberthermometer
- ❏ Filzstift
- ❏ Fingerschützer
- ❏ Grippemittel
- ❏ Halswehtabletten
- ❏ Hansaplast
- ❏ Hustenmittel
- ❏ Insektenstiche-Gel
- ❏ Kamillentee
- ❏ Kohletabletten
- ❏ Krampflöser
- ❏ Leukoplast
- ❏ Luvos Heilerde
- ❏ Magentabletten
- ❏ Mullbinden
- ❏ Ohropax
- ❏ Pinzette
- ❏ Reisekrankheit
- ❏ Schmerzmittel
- ❏ Schnupfenmittel
- ❏ Sicherheitsnadeln
- ❏ Sonnenschutz
- ❏ Sportgel
- ❏ Taschentücher
- ❏ Watte
- ❏ Wärmflasche
- ❏ Zäpfchen

Rechtshilfe: *freier Ausgang* und *Sexualität*

Auch nach Ansicht von Fachjuristen müssen wir Lehrer/innen nicht allgegenwärtig sein: „Unzumutbar wäre es für den Lehrer, Schüler auf die Toilette zu begleiten!" Dank! Dank!
Das läßt uns einen Harnstein vom Herzen fallen.
Trotzdem: „Konkret auszuüben ist die Aufsicht durch Situationsbeobachtung, durch Belehrungen und Ermahnungen sowie durch Tathandlungen. Die Situationsbeobachtung dient dem Erfassen von Gefahren; Ermahnungen und Belehrungen, die auch schriftlich erteilt werden können, sowie Tathandlungen sind Akte des Vollzugs. Zur Tat ist er zu schreiten, wenn die Mittel der geistigen Überzeugung versagen. Erlaubt es die konkrete Gefahrensituation, so sind Zwangsmittel erst nach fruchtloser Androhung einzusetzen."
(Dr. jur. Alfons Gern in Ratgeber Schule, S. 49)
Wie war das? Zur Tat darf ich schreiten, wenn der Akt im Vollzug steht? Und ist ein vollzogener Akt eine konkrete Gefahrensituation, in der ich erst fruchtlos androhen muß, bevor ich fruchtbar eingreifen darf?
Fragen über Fragen, Herr Dr. jur. - Und es ist leicht, sich darüber lustig zu machen, aber dieses Denken und diese Sprache können uns im Ernstfall einige Monate unseres Lebens kosten.
Der Gesetzgeber und die Kommentatoren haben nur allgemeine Richtlinien gegeben, die dann immer im konkreten Fall überprüft werden. Hierbei werden an uns Lehrer generell strenge Anforderungen gestellt.
Vor allem zwei Bereiche sollen kurz näher untersucht werden:

Der „freie" Ausgang
Damit sind die einzigen erholsamen Stunden während eines Aufenthalts gemeint: Wenn der/die Lehrer/in sagen kann: „So, in zwei Stnden treffen wir uns wieder hier. Seid hübsch ordentlich und fromm, daß mir keine Klagge komm!" In der Literatur ist es umstritten, ob damit die Aufsichtspflicht der Lehrer/innen endet. Sie umfaßt immer zwei Bereiche: Wir müssen einmal die Schüler/innen vor Schaden bewahren, andererseits aber auch dafür sorgen, daß andere Personen durch unsere Schüler/innen keinen Schaden erleiden.
Die Aufsichtspflicht darf aber nicht lebensfremd überspitzt werden: Das heißt in der Regel, daß die Lehrer/innen aufgrund der allgemeinen Lebenserfahrung, der besonderen Lage, dem Alter und der Reife der Schüler/innen entsprechend ihre Aufsicht führen müssen.

Konkrete Probleme: Das Baden in Baggerseen gilt allgemein als gefährlich weil weder der Untergrund bekannt ist (Wracks, Untiefen), noch ausreichend Rettungseinrichtungen (Telefon, Bademeister, Rettungsring) vorhanden sind. Hier befreit unter Umständen auch das schriftliche Einverständnis der Eltern die Lehrer/innen nicht von ihrer Sorgfaltspflicht.

Das Radwandern ist ähnlich problematisch. Es wird erwartet, daß die Lehrer/innen wissen, daß Radfahrer/innen einer besonders hohen Unfallgefahr ausgesetzt sind. Diese müssen sie soweit wie möglich einschränken, wenn sie bei einem Unfall nicht zur Rechenschaft gezogen werden möchten. Dies kann zum Beispiel so aussehen, daß die Lehrer/innen drei bis vier Schüler vor Beginn der Fahrt als „Schülerlotsen" ausbilden und einkleiden (Mütze mit Koppel und Kelle). Diese Schüler/innen sperren dann beim Überqueren der Straße den Verkehr und kennzeichnen Beginn und Ende der Radwanderer-Gruppe. Generell läßt sich sagen:

Die Lehrer/innen sind in Ausübung ihres Dienstes generell und umfassend zur Aufsicht verpflichtet.
Das ist ja auch sinnvoll, wenn wir uns einmal in die Lage der Eltern versetzen. Wir wären die ersten, die dann Lehrer/innen Vorwürfe machen würden, wenn sie nicht an alles gedacht hätten, an das man nur hätte denken müssen ...

Wie sieht es nun gesetzlich aus mit der Aufsichtspflicht?
Der Schullandheimaufenthalt ist eine schulische Veranstaltung. Also sind die Lehrer/innen beziehungsweise die von ihnen beauftragte Personen aufsichtspflichtig. Dies umfaßt den generellen Aufenthalt. Werden im Rahmen dieses Aufenthaltes jetzt Aktivitäten geplant, die „normalerweise" nicht auftreten (also zum Beispiel Nachtwanderung im Gebirge, Drachenfliegen, aber auch der Umgang mit Brennspiritus in einem Zeltlager), so muß hiefür das Einverständnis der Erziehungsberechtigten eingeholt werden (dies kann zum Beispiel dadurch geschehen, daß diese Punkte im Programm aufgeführt und erläutert werden, und die Eltern durch Unterschrift die Kenntnisnahme des gesamten Programms bestätigen).
Den generellen rechtlichen Rahmen steckt der § 832 des Bürgerlichen Gesetzbuches (BGB) ab:
„(1) Wer kraft Gesetzes zur Führung der Aufsicht über eine Person verpflichtet ist, die wegen Minderjährigkeit oder wegen ihres geistigen oder körperlichen Zustandes der Beaufsichtigung bedarf, ist zum Ersatz des Schadens verpflichtet, den diese Person einem Dritten widerrechtlich zufügt. Die Ersatzpflicht tritt nicht ein, wenn er seiner Aufsichtspflicht genügt, oder wenn der Schaden auch bei gehöriger Aufsichtsführung entstanden sein würde."
„(2) Die gleiche Verantwortlichkeit trifft denjenigen, welcher die Führung der Aufsicht durch Vertrag übernimmt."
Danach müssen Sie - das haben wir einleitend schon gesagt, dafür sorgen, daß Ihre Schüler so beaufsichtigt werden, daß sie
- andere nicht gefährden
- keinen Schaden verursachen

• selbst keinen Schaden erleiden

Kinder **unter 7 Jahren** können nach § 828 noch nicht zur Verantwortung gezogen werden. Minderjährige zwischen 7 und 18 Jahren aber sind begrenzt haftbar - und damit können Sie als Aufsichtsperson schadensersatzpflichtig gemacht werden, wenn Sie Ihrer Aufsichtspflicht nicht genüge getan haben. Dazu haben wir aber auf den vorigen Blatt schon genug gesagt.

Zusammenfassung:
Wenn Sie also den Schüler/innen freien Ausgang geben, dürfen Sie das nur, wenn Sie sich über die möglichen Gefahren ausreichend informiert, die Schüler/innen entsprechend ermahnt haben. Diese müssen nach Ihrer Erfahrung aber in der Lage sein, den Realitätswert Ihrer Ermahnungen einzusehen und zu befolgen.

Die sexuelle Betätigung

Zitieren wir wieder unseren bewährten Dr. jur.:
„Ein besonderes Problem bietet die Nachtaufsicht. Grundsätzlich kann man nicht verlangen, daß ein Lehrer die ganze Nacht ‚auf Lauer' liegt. Es genügt, wenn er anordnet, zu welcher Zeit die Betten aufzusuchen sind, und das Licht zu löschen ist. Die Befolgung dieser Anordnung hat er zu kontrollieren. Anschließend hat er in den Schlafräumen bis 24 Uhr nur noch Stichprobenkontrollen vorzunehmen. Ab 24 Uhr kann er sich selbst zur Ruhe begeben." (a.a.O., S. 156).

Immer noch können Sie - auch nach der Reform des sogenannten Kuppeleiparagraphen, zur Verantwortung gezogen werden, wenn die Schüler unter 16 Jahre alt sind:

§ 180 STGB:
„(1) Wer sexuelle Handlungen einer Person unter 16 Jahren an oder vor einem Dritten oder sexuelle Handlungen eines Dritten an einer Person unter 16 Jahren
1. durch seine Vermittlung oder
2. durch Gewähren oder Verschaffen von Gelegenheit Vorschub leistet, wird mit Freiheitsstrafe bis zu 3 Jahren oder mit Geldstrafe bestraft ..."

Dies schließt also aus, daß Sie Jugendliche beiderlei Geschlechts unter 16 Jahren ohne Aufsicht in einem gemeinsamen Matratzenlager usw. übernachten lassen. Juristisch (aber das ist mit Einschränkung zu beachten, weil Sie auch der Disziplinargewalt unterliegen und eben in einem besonderen Dienstverhältnis zum Staat stehen) kann man Ihnen bei über 16jährigen Schülern keinen Vorwurf machen, wenn Sie gemischtgeschlechtliche Schlafräume zulassen.

Davon ist Ihnen also unter allen Umständen abzuraten - es sei denn, Sie haben das Problem schon vorher mit den Eltern ausführlich besprochen und darüber Einigkeit hergestellt. Das sollten Sie sich aber auf alle Fälle immer auch noch schriftlich bestätigen lassen. Und problematisch ist es bei Schülern unter 16 Jahren, also bei unseren 13- bis 15-jährigen. Hier machen Sie sich strafbar, wenn Sie „sexuelle Handlungen" fördern.

Was sind sexuelle Handlungen?
Ganz klar: Petting, Geschlechtsverkehr, Zungenkuß! Da müssen Sie theoretisch schon beim „Flaschendrehen" aufpassen.

Und noch schwieriger wird es für Sie, wenn es um sexuelle Betätigung von Jugendlichen unter 14 Jahren geht (§ 176 STGB).
Verhindern Sie zum Beispiel nicht die - heutzutage gar nicht so seltene - sexuelle Beziehung zwischen einem 13-jährigen Mädchen und einem 17-jährigen Jungen, so können Sie wegen Beihilfe (§ 27 STGB) bestraft werden.
Unsicher ist die rechtliche Lage bei sexuellen Betätigungen zwischen Kindern (Jugendlichen unter 14 Jahren).

Und wie ist es mit den Lehrer/innen?

Sie können sich ja sicher das Geschrei mancher Eltern und der vorgesetzten Behörde vorstellen, wenn die erfahren würden, daß Sie mit einer Kollegin in einem Zimmer übernachtet haben (und die Behörde bekommt auch noch, wenn sie Ihnen aus diesem Grund kündigt, vor Gericht Recht).
Ungleich größer würde der Lärm, wenn Sie sich gar mit einem Schüler oder einer Schülerin einlassen würden. Hier machen Sie sich auch bei über 16-jährigen strafbar. Denn nach §180, Abs. 3 STGB macht sich ein Lehrer (oder sonst ein Erwachsener) strafbar, wenn er eine/n Minderjährige/n unter 18 Jahren, „unter Mißbrauch einer mit dem ... Betreuungsverhältnis verbundenen Abhängigkeit bestimmt, sexuelle Handlungen an oder vor einem Dritten vorzunehmen oder von einem Dritten an sich vornehmen zu lassen."
Es ist in der juristischen Literatur unstrittig, daß die Lehrperson in diesem Fall eine Abhängigkeit mißbrauchen würde. Fraglich ist dagegen schon, ob dies auch bei der Begleitperson zutrifft, die über den Aufenthalt hinaus kein Betreuungs- oder Abhängigkeitsverhältnis mit dem Schüler oder der Schülerin hat, also zum Beispiel als Student oder Ehegatte an dem Aufenthalt teilnimmt.

Faustregel:

1. Beziehen Sie bei den Vorbereitungen die Eltern so weit als möglich ein und informieren Sie sie detailliert über das Programm.

2. Weisen Sie die Schüler mehrmals auf mögliche Gefahren und richtige Verhaltensweisen hin und machen Sie Stichproben, die Sie nachweisen können.

3. Gehen Sie mit gesundem Menschenverstand an die Probleme heran. Wenn Sie zu penibel werden, können Sie den Aufenthalt gleich bleiben lassen.

4. Schließen Sie Haftpflicht- und Rechtschutzversicherungen ab.

Literatur:
Dr. Thomas Böhm:
Der Kleine Schulrechtsführer, 96 Seiten
Bezug: AOL-Verlag, D77839 Lichtenau, Nr. A418

Fragebogen zum Schullandheimaufenthalt

Bitte sei so freundlich und fülle diesen Fragebogen zum Schullandheimaufenthalt vom _____ bis zum _____ in _____ ehrlich aus. Wenn Du willst, kannst Du Deinen Namen unten auch weglassen. Bitte übertreibe nicht, sondern kreuze das an oder schreibe das auf, was Deiner Meinung nach wirklich am ehesten zutrifft. Wenn Du etwas beurteilen sollst, gib bitte dafür eine Note zwischen 1 (sehr gut, toll, genau richtig) und 6 (völlig daneben, unangenehm, ganz und gar überflüssig).

1. Wie fandest Du das Frühstück: _____; das Mittagessen: _____; das Abendessen: _____;
2. Wie fandest Du das Heim insgesamt? _____. Die Waschräume: _____. Die Toiletten: _____.. Die Schlafräume: _____. Die Tagesräume: _____. Die Außenanlagen: _____.
3. Was hat Dir im Heim am besten gefallen? _____
_____
4. Was hat Dir im Heim am wenigsten gefallen? _____
_____
5. Welcher Ausflug/welche Tätigkeit/welches Projekt haben Dir am besten gefallen und warum? _____
_____
_____
6. Welcher Ausflug/welche Tätigkeit/welches Projekt haben Dir am wenigsten gefallen und warum? _____
_____
_____
7. Hat sich beim Aufenthalt das Verhältnis Jungen/Mädchen gebessert ☐   verschlechtert ☐   oder ist es gleichgeblieben ☐ - und warum? _____
_____
8. Hat sich beim Aufenthalt das Verhältnis Schüler(innen)/Lehrer(innen) gebessert ☐   verschlechtert ☐   oder ist es gleichgeblieben ☐ - und warum? _____
_____
9. Warst Du körperlich (Sport, Wanderungen) eher überfordert oder unterfordert? _____
10. Was hättest Du gern häufiger gemacht? _____
11. Was hättest Du lieber nicht mitgemacht? _____
12. Wie fandest Du den Freizeit-Anteil am Gesamtaufenthalt: zu gering ☐;   genau richtig ☐;   zu viel ☐;
13. Wie fandest Du das Freizeit-Angebot insgesamt: langweilig ☐;   zufriedenstellend ☐;   wirklich gut ☐;
14. War Dein Taschengeld: zu wenig ☐;   ausreichend ☐;   zu viel ☐;
15. War Deine Nachtruhe für Dich: zu kurz ☐;   gerade richtig ☐;   zu lang ☐;
14. Warst Du mit den Herbergseltern: sehr zufrieden ☐;   zufrieden ☐;   unzufrieden ☐;
15. Warst Du mit den Lehrern: sehr zufrieden ☐;   zufrieden ☐;   unzufrieden ☐;
16. Warst Du mit den Begleitpersonen: sehr zufrieden ☐;   zufrieden ☐;   unzufrieden ☐;
17. Was könnte man Deiner Meinung nach beim nächsten Mal besser machen? _____
_____
_____

Name: _____ Vorname: _____ Klasse: _____ Datum: _____

Schullandheim & Gruppenfahrt: Abrechnung

Liebe Eltern,

mit diesem Schreiben möchte ich Ihnen eine Aufstellung der Einnahmen und Ausgaben unseres Schullandheimaufenthaltes übermitteln. Sollten Sie noch Fragen dazu haben, so stehe ich Ihnen gern zur Verfügung. Die Elternvertreter haben die Belegunterlagen geprüft und sind ebenfalls gern bereit, Ihnen Auskünfte zu erteilen.
Hier die Übersicht:

Der Aufenthalt fand in der Zeit vom _____ bis zum _____

in _____ statt.

Wir hatten folgende Einnahmen:

_____ Schüler/innen mit je	_____ DM	gesamt: _____ DM
_____ Gemeindezuschuß mit je	_____ DM	gesamt: _____ DM
_____ Fördervereinszuschuß mit je	_____ DM	gesamt: _____ DM
Spenden und sonstige Einnahmen		gesamt: _____ DM
	Einnahmen	**gesamt: _____ DM**

Wir hatten folgende Ausgaben:

Hin- und Rückfahrt	_____ DM
Fahrtkosten vor Ort	_____ DM
Eintrittsgelder	_____ DM
Trinkgelder/Geschenke	_____ DM

Aufenthaltskosten:

____ Übernachtungen à _____ DM _____ DM
____ Tagessätze à _____ DM _____ DM

Sonstige Ausgaben:

_____ _____ DM
_____ _____ DM
_____ _____ DM

Ausgaben gesamt: _____

Saldo _____ **DM**

Wir werden uns auf dem nächsten Elternabend darüber unterhalten, was mir mit den überschüssigen Einnahmen machen... /

Wie Sie sehen, verbleibt ein Minusbetrag in Höhe von _____ DM.
Bei _____ beteiligten Schülerinnen und Schülern entfällt damit auf Ihr Kind noch ein Betrag in Höhe von _____ DM.
Bitte überweisen Sie diesen Restbetrag auf das Konto _____ unter dem Stichwort „Schullandheim _____ "
an die Bank _____ (BLZ _____).

Mit Dank und freundlichem Gruß

Sevgili Veliler!

Bu yazımla Ögrenciyurdu gezisi için alacaklarımızı, harcıyacaklarımızı sıralayacağım. Eğer yine de sorunuz olursa, emrinize âmâdeyim. Velilerheyeti fiyatları belgeleyerek anlatıp açıklayacaklar.

Burada olduğu gibi:

Geziye başlandığı günden _____ dene kadar _____
Gezi yeri ._____

Gelirlerimiz sırasıyla şöyle:

_____ ögrenci başına   _____ DM   toplam: _____ DM
_____ muhtarlık yardımı   _____ DM   toplam: _____ DM
_____ teşvikciler yardımı   _____ DM   toplam: _____ DM
Diğer yardım ve gelirler   toplam: _____ DM
                    Bütün gelir   **toplam: _____ DM**

Giderlerimiz sırasıyla şöyle:

Kalkış gidiş ve geliş ücreti   _____ DM
Kalkış yerine, gidiş geliş ücreti   _____ DM
Biletücretleri   _____ DM
Bahşişler/Hediyeler   _____ DM
Yatıpkalkmakücreti:
_____ gece her biri   _____ DM _____ DM
_____ gündüz her bir   _____ DM _____ DM

Diğer giderler:
_____   _____ DM
_____   _____ DM
_____   _____ DM

                    Toplam giderler: _____ **DM**
                    Kalan: _____ **DM**

Gelecek veliler toplantısında arta kalan parayı ne yapacağımızı beraber kararlaştırırız.../

Gördüğünüz gibi hesapta eksik kalan miktar _____ DM.
_____ öğrenci katıldığına göre, sizin çocuğunuza düşen
miktar _____ DM.

Lütfen bu hesabı şu numaraya _____
„Schullandheim _____ işaretialtında"
bankaya ödeyiniz _____ (BLZ _____)

Dostca selamlar

Literatur

Vorbemerkung:

Wir möchten Ihnen auch hiermit die Arbeit erleichtern und haben nur die nach unserer Meinung notwendigen Bücher und Zeitschriften aufgeführt. Die AOL-Materialien werden dabei bewußt nur kurz erwähnt, da Sie im Anhang noch einen Auszug aus unserem Gesamtverzeichnis finden, mit dem Sie alle unsere Einheiten bestellen können. Die Reihenfolge der besprochenen Bücher ist alphabetisch nach den Verfassernamen und beinhaltet keine Wertung. Die Wertung wird in Form von Sternchen vorgenommen:

*** = sehr gut
** = gut
* = befriedigend

1. Pädagogik

1.1 Handbuch zum Schulalltag***

Standardwerk der AOL. Doch, auch wenn es ein Eigenlob ist. Enthält eine Unzahl von Einzelprojekten, Tips zum Betriebspraktikum, Schullandheim (die Mappe hier ist umfangreicher), zu Feiern und Festen, Eltern- und Schülerarbeit. Das Buch sollten Sie unabhängig von Ihren Schullandheimplänen haben.
Bezug: über den Buchhandel oder direkt bei uns. 450 Seiten A5 Bestell-Nr. A081.

1.2 Pädagogik im Schullandheim***

Hrsg. v. Verband Deutscher Schullandheime e.V. Mendelssohnstr. 86, 22761 Hamburg, 600 Seiten im Ordner A5.
Was da an Anregungen und Projekten gesammelt ist, reicht für ein ganzes Lehrerleben und sorgt für das schlechte Gewissen der Kollegen, die den Schullandheimaufenthalt nur als verlängerte Ferien betrachten.
Ab Seite 153 beginnt (nach einer ausführlichen theoretischen Erörterung auf den Seiten davor) die „Praxis der Schullandheimarbeit", die den Lehrer sofort die Frage vergessen läßt, was er mit den Schülern eigentlich den ganzen Tag anstellen soll. Zum Beispiel: Erkundung der Sturktur eines Dorfes; Fernsehen im Schullandheim; Foto-AG; das Wasserrad; Einführung in das Kartenverständnis; astronomische Beobachtungen; Mikroskopierkurs; Wetterkunde, Planspiel: Ursache von Lohn- und Tarifkonflikten usw. und vieles mehr.
Natürlich findet man auch Hinweise zur 1. Hilfe, Vorschläge für Merkblätter für die Eltern (hier sind unsere in dieser Mappe besser), eine empirische Untersuchung bei Schülern, Eltern und Lehrern über ihre Einstellung zur Schullandheimarbeit (trotz ihres hohen Alters immer noch brauchbar für Elternabende) und eine Übersichtskarte über die „Schullandheime in der BRD".
Wichtig: Bestellen Sie auch gleich das Gesamtverzeichnis der Schullandheime.
Und, weil es hier nicht noch einmal gesondert aufgeführt wird, bestellen Sie unbedingt rechtzeitig das Verzeichnis aller bundesrepublikanischen alternativen Heime von Gerd Grützmacher (siehe Punkt 1 der Hinweise zur Checkliste auf S. 3).

1.3 Das Schullandheim**

Vierteljahreszeitschrift des Verbandes Deutscher Schullandheime. Heftpreis im Abo nur 3,50 DM. Abopreis einschließlich Porto 17,00 DM im Jahr: Bezug über
Verband Deutscher Schullandheime, Mendelssohnstr. 86, 22761 Hamburg. Hier erhalten sie auch alle anderen Materialien des Verbandes. In dieser Zeitschrift werden nicht nur praxisnahe Tips für die verschiedenen Aufenthalte gegeben, sondern auch Informationen, an die Sie nicht gleich von sich aus denken (zum Beispiel zur richtigen Ernährung). In jedem Heft befindet sich ein Unterrichtsbeispiel, das Sie auch im normalen Schulalltag verwenden können. Wichtige Urteile werden abgedruckt und besprochen, Elternarbeit beschrieben, Anträge gestellt usw.
Überreden Sie unbedingt Ihren Schulleiter, diese Zeitschrift zu abonnieren.

1.4 Schulspaß & Schulspiele***

Das ist das „Handbuch zum Schulalltag 2", das auch bei Rowohlt erscheint: das beste Spielebuch für jeden Tag und das ganze Jahr, für alle Fächer, Altersstufen, Schularten, für drinnen und draußen, für Pausen und Kollegen, Eltern und und und.
Bezug: über den Buchhandel oder direkt bei uns mit der Bestell-Nr. V082.

2. Projektunterricht

2.1 „Projektarbeit im Schullandheim" **

Das ist der Titel eines Forschungsprojekts, das der Verband Deutscher Schullandheime vor 20 Jahren in 3 Schullandheimen in 10 Bundesländern unter finanzieller Beteiligung des Bundesministeriums für Bildung und Wissenschaft durchführe. Unter dem Motto „aus der Praxis für die Praxis" (könnte von uns stammen), werden hier Projekte angeboten, die nicht nur im Schullandheim, sondern auch im Schulalltag daheim und auch dort nicht nur während der Projektwoche die Schule dem Leben ein wenig näherbringen können. Eine Reihe, die wirklich beinahe uneingeschränktes Lob verdient. *Diese Projekte sind nicht nur bibliophil und lehrerfreundlich verlegt, sondern auch noch extrem preiswert (da sieht man, was für ein Leben wir haben könnten, wenn die Bundesregierung ihr Geld lieber in solche Projekte stecken würde statt in Munition). Bestellen Sie gleich alle bisher erscheinen Bände mit:*
Band 1: Geographie
Band 2: Biologie
Band 3: Fotografieren/Filmen/Fernseherziehung
Band 4: Arbeitslehre/Werken

Bezug aller Bücher: Verband deutscher Schullandheime, Mendelssohnstr. 86, 22761 Hamburg

Schullandheim & Gruppenfahrt

2.2. „Projektwoche konkreter" ***
Da, wieder AOL-Werbung! Nur kurz: für alle Schulen, die zum ersten oder wiederholten Mal eine Projektwoche durchführen wollen (auch für das Schullandheim zu gebrauchen, wenn es in Form einer Projektwoche geplant werden soll.
78 Seiten A4 mit Kopierrecht (Nr. A120)
Bezug: AOL, Waldstr. 17-18, D-77839 Lichtenau
Tel. 07227/95 88-0

3. Spiele-Bücher

3.1 Arbeitsgruppe Oberkircher Lehrmittel:
Folgende Materialsammlungen empfehlen wir zur Vorbereitung und Durchführung eines Schullandheimaufenthaltes, wobei wir raten, die schönsten Spiele bereits daheim zu vervielfältigen, entsprechende Utensilien zu sammeln und dann mit geballtem Köfferchen anzutreten für die verregneten Wochentage ...

Hoyer: 55 Pausenspiele drinnen & draußen
Bestell-Nr. A125 *

Konzentrationsspiele Kl. 2-8
Bestell-Nr A116
Als Einzelstundenblätter und als Konzentrations-Kurs mit Eltern-und Lehrerinformation.

Die schönsten Vertretungsstunden
Bestell-Nr. A135
Der Lehrerretter fürs ganze Jahr!

33 Vertretungsstunden D/E/M
Bestell-Nr. A133
10 Deutsch-, 14 Englisch-, 9 Mathematik- und Knobelstunden mit über 40 Kopiervorlagen

66 Spiel- und Klassenfeste
Bestell-Nr A066, 39.- DM
Für alle Jahreszeiten, Klassenstufen, innen/außen: Bausteine und Ideen, Erkundungsralley ...

Da ist der Bär los ...
Bestell-Nr. V173
Kreative Mitspielaktionen für drinnen & draußen, kleine und sehr kleine Kinder von 2 bis 12.

Tausendfüßlers Taschentuch
Bestell-Nr. V174
Spiele mit Seilen + Tüchern für alle Altersgruppen.

Und wenn Sie dabei sind, bestellen Sie sich doch gleich den kostenlosen Prospekt Nr. A420 mit. Und den Erdball: Ein nur 12 kg schweres Ungeheuer mit 200 cm Durchmesser - eine völlig neue Dimension des Spielens: der Star der New Games. Oder den neuen Fallschirm.

3.2 Betrun/Jeitner (Hrsg.): Das große Buch der Kinderbeschäftigungen**
Otto Maier Verlag, Ravensburg, 349 Seiten.
Das ist ein Buch für alle, die mit jüngeren Kindern (Grundschülern) einen Schullandheimaufenthalt planen. Doch, doch, das geht und ist auch schon gemacht worden - in den kinderfreundlichen Bundesländern, in denen es entpsrechende Erlasse gibt. Anregungen, Spiel- und Bastelvorschläge, Turnübungen, Sprachspiele usw. gibt es für Altersgruppen von 0-3 Jahre, 3-5 Jahre, 5-7 Jahre und 7-10 Jahre.
Alle Vorschläge sind sehr lesefreundlich gestaltet, mit vielen Fotos (fast nur weiß-schwarz), für jede Altersgruppe untergegliedert in die Bereiche „Sprache", „Turnen und Bewegung", „Musik", „Bildnerisches Gestalten", „Natur und Sachwelt", „Basteln" und „Kinderfeste".
Ein umfassendes Trainingsprogramm also, das Sie nicht nur als Lehrer, sondern auch als Elternteil interessieren sollte. Einige der Vorschläge für die Gruppe der 7-10jährigen können ohne weiteres auch für ältere Schüler übernommen werden.
Im Anhang finden Sie eine Tabelle „Das richtige Spielzeug für jedes Alter" vom „Arbeitsausschuß für gutes Spielzeug" und ein Verzeichnis von „Gesellschaftsspielen für Kinder" mit dem Hinweis: „Erhältlich in guten Fachgeschäften" - vor allem eine Werbung für den Ravensburger Verlag, der das Buch herausgegeben hat. Hier sollten Sie also ein bißchen vorsichtig sein (das sind Sie ja bei unserer AOL-Werbung hier auch).

3.3. Fluegelmann/Tembeck: New Games - Die neuen Spiele**
Verlag an der Ruhr, Mülheim.
Ein Augenschmaus für Freaks, happy girls, Singles, midlife-crisis-Geschüttelte, Oldtimer, denen die Guns n' Roses langsam doch zu fetzig sind und die ein bißchen mehr Körperkontakt und Spaß und Spiel haben wollen und denken, daß sie jung geblieben sind (manche sind es auch).
Die einzelnen Kapitel: Spiele für zwei; eine Spielgemeinschaft entsteht; Spiele für ein Dutzend; wie man Spiele spielend leitet; Spiele für zwei Dutzend; Spielveränderung in Theorie und Praxis: Je mehr desto besser; Rezept für ein Spielfest; Das Spiel der Spiele; Spielgeräte; Fotografen/Spielgestalter. Ein überwältigend animierendes Buch. Kaum hat man es in die Hand genommen, möchte man schon losspielen.
Wenn man aber nach konkreten Tips sucht, dann kommt man ins Schleudern: Wir haben das mal auf einem Volksfest versucht, den Erdball mit einem Sprungtuch in die Luft zu bekommen - das Sprungtuch hatte zum Schluß einen Riß und der Ball lag bösartig in der Mitte - wir hatten ihn nicht hochbekommen. Das ist kein Einzelfall: Die Spiele werden immer nur angerissen, angedeutet, gut fotografiert und schlecht angeleitet. Ein erfreuliches Ärgernis, also.

3.4 Glonnegger/Diem: Das große Ravensburger Spielbuch. **
Otto Maier Verlag Ravensburg, 350 Seiten.
Ein dicker Wäzer mit festem Einband und Fadenheftung, der auch die Strapazen eines Schullandheimaufenthaltes überstehen sollte. Zugleich einer der „Klassiker" der Spielebücher. Das erkennt man auch daran, daß nicht viel Neues geboten wird - dafür alles das, was man selbst schon irgendwann in seinem Leben gespielt hat - auf allen Gebieten: über „Kinder-

Schullandheim & Gruppenfahrt

spiele", „Sportspiele", „Geländespiele", „Brett- und Kartenspiele", „Zeichen- und Schreibspiele", „Denkspiele" und „Streichholzspiele" bis zu „Spiel und Spaß bei Festen" finden Sie alles, was Sie zur Auflockerung nach einem unbefriedigenden Mittagessen benötigen. Gerade bei den Kartenspielen, die im Schullandheim sehr beliebt sind, wenn Sie vorher gefaulenzt und nichts vorbereitet haben, gibt das Buch umfangreiche Spielerläuterungen, die auch Kartenspielfeinde wie Sie und uns zu Profis machen können, wenn Sie aufmerksam durchgelesen werden - das aber müssen Sie zu Hause erledigen, im Schullandheim ist die Zeit dazu zu knapp.

3.5 Lemke-Pricken: spielen, lachen, selbermachen.***

Thienemanns Verlag, ohne Ort und Jahr, 208 Seiten.
Wir haben noch kein Spiel- und Bastelbuch gesehen, das mit so viel Liebe und Sachkenntnis hergestellt wurde, so viele originelle und verhältnismäßig leicht durchzuführende Vorschläge enthält, so bunt und anschaulich aufbereitet wurde wie dieses Buch. Der Autorenfamilie, die sich mit leuchtenden Augen auf der ersten Seite vorstellt, hätte man das alles gar nicht zugetraut. Allerdings: Wenn Sie das Buch für den Schullandheimaufenthalt anschaffen wollen (was wir sehr empfehlen), machen Sie das rechtzeitig und besorgen Sie sich für die Arbeiten, die Sie sich vornehmen, ausreichend Material. Manches geht ganz einfach - wie das „Daumenkino", manches erfordert schon mehr Material und Geschick - wie der „Seilakrobat", manches ist nur etwas für fortgeschrittene Bastler - wie das fahrtüchtige „Papp-Mobil". Die Anleitungen sind für aufmerksame Leser umfangreich genug, wenn sie genau gelesen werden; die Abbildungen, umwerfend schön, helfen dabei.

3.6 Mayrhofer/Zacharis: Neues Spielen mit Kindern**.

Otto Maier Verlag Ravensburg, 123 Seiten.
Ein Buch für Spielprojekte drinnen und draußen, die in der Regel alle eine umfangreiche Vorbereitung erfordern.
Trotzdem: Wenn Sie das Buch in die Hand nehmen, legen Sie es so schnell nicht wieder weg: die einzelnen Spielvorschläge sind so animierend gemacht, daß Sie alle nacheinander durchlesen werden und jede dritte Seite seufzen: „Das sollte man auch einmal machen!" Jeweils am Rand sind pädagogische Hinweise angebracht und Angaben über die benötigten Materialien, den Veranstaltungsort, die Zeitdauer, die Anzahl und das Alter der Kinder. Aus dem Inhalt: „Neues Spielmaterial", „Umwelt kennenlernen", „Wettsdpiele", „Rollenspiele", „Geld verdienen".

3.7 Sibler und andere: Spiele ohne Sieger**

(Zum letzten Mal in dieser Mappe vom) Otto Maier Verlag Ravensburg, 126 Seiten.
Ein Buch mit hohem Anspruch: Spiele ohne „Konkurrenz- und Ausstechprinzip", also genau das, was Sie eigentlich suchen, weil es ja doch immer wieder dieselben Schüler trifft, die die letzten sind: den dicken Erik, die arme Monika, den lieben Alexander, der nichts von alleine zustandebringt.
Also: es stimmt schon ein wenig. Es gibt keinen direkten Sieger oder Verlierer. Aber zum Beispiel bei der Geschichte mit der „dunklen Vergangenheit" - ein Spiel, bei dem jeder, der mitmacht, bei den verschiedenen Stationen ein eigenes Erlebnis schildern soll. Vorschläge aus dem Buch: die erste Fahrt ohne Eltern, etwas Unangenehmes aus der Schule, der erste Kuß, der große Krach mit der Schwester ... Auch bei diesen Spielen geht es ja so, daß der Spieler sprachlich gewandt sein muß - und das trifft doch wieder die, die sich aus welchen Gründen auch immer nicht so recht ausdrücken können oder wollen. Die meisten Vorschläge aus diesem Buch haben diesen Haken und wir den Verdacht, daß die Zielgruppe ein wenig dem Autorenteam entspricht, das sich so vorstellt: „Vier muntere Leute von Mitte 20 bis Mitte 30."
Aber: Auch Sie sind nur Lehrer/in und unterschätzen Ihre Schüler/innen ebenso oft wie diese Sie. Probieren Sie also ruhig einige der Vorschläge einmal aus.

3.8 Woeser, Dietmar: Spiele-Feste-Gruppenprogramme**

Fischer Taschenbuch, Frankfurt 1978, 300 Seiten.
Kollege Woesler war 10 Jahre lang Lehrer, bevor er als Bildungsreferent eines Familienverbandes sich aus der Schule ab- und intensiv mit neuen Formen spielerischer Aktivitäten auseinandersetzte. Ein Mann der Praixis also, der bei allen Spielvorschlägen (über 300) immer den Praxisbezug im Auge hat. Geordnet nach verschiedenen Gelegenheiten (zum Kennenlernen, Gelände, Stadt, Jux, im Auto, Zaubern, usw.)
Kaufen Sie sich hiervon gleich ein paar Bücher, damit Sie nicht nur zu Hause und in der Schule immer eines griffbereit haben, sondern auch bei Jubiläen von Kollegen ein passendes Geschenk in der Schublade.

4. Spiele-Karteien

Im August letzten Jahres kam ein Brief von Wolfgang Hoffmann, dem Mann von Ökotopia. Warum wir denn nicht seine Spielkarteien mit vertreiben würden...?
Ja nun, lieber Wolfgang. Weil wir natürlich neidisch waren und sie lieber gern selbst verlegt hätten.
Andererseits: Warum sollen unsere Kolleg/innen deswegen leiden? - Bitte sehr - hier sind sie: In einen Koffer gepackt - damit überstehen Sie alle Spielprobleme im Schullandheim in allen Altersgruppen.

Schulspielkartei **
Bestell-Nr V175
Im handlichen A6-Format. Je ca. 200 Karteikarten für 22 Rubriken mit je 8 Spielvorschlägen im Karton. Highlights im Schulalltag der Sekundarstufen für neue Situationen, Schule unterwegs, Klassenfeste, Kennenlernspiele, darstellendes Spiel ...

Kinder Spielkartei ** (ab 6 J.)
Bestell-Nr V225
Gelände, Musik, Kennenlern- und Rallyespiele; Spiele

im Kreis, mit Stift und Papier, in und ums Wasser, Fangspiele.

Fixe Ideen **
Bestell-Nr V284
Sinnige Spiele für zwischendurch: Hören, Denken, Bewegen, Sprechen, Konzentrieren, Entspannen, Beobachten, Darstellen, Phantasieren, Kooperieren... Vor- und Grundschule.

Musik + Tanz Spielekartei ***
Bestell-Nr V277
Für Klingelgespenster und Hüpfflöhe ab 3. Körpermusik, Entspannung, Malen mit Musik.

Wir fallen aus der Rolle **
Bestell-Nr V278
Rollenspielkartei ab 3. Ich mag dich; In unserer Umgebung; Fremde Menschen; Ich wollt ich wär ein Mädchen/Junge; Sonntags, wenn die Tanten kommen; Keine Angst vor...; Lügen wie gedruckt...

Umwelt-Spielekartei **
Bestell-Nr V227
„Die Sammlung sollte zur Grundausstattung von Jugendherbergen, Schullandheimen und Lehrerbüchereien gehören" (Junglehrer, 31/12)

Kartoffeln in der Tonne **
Bestell-Nr V282
160 Aktivitäten, um die Welt zu erleben: Ernährung/Gesundheit, Umwelten, Garten, Wald und Naturkräfte.
Zusammen mit Nr. V227 eine unerschöpfliche Fundgrube umweltbezogener Spiele & Aktivitäten: Werken, Musik, Theater, Kochen, Geschichten.

Mini-Spielekartei **
Bestell-Nr V283
Für die Kleinsten: 2-6 Jahre. Alltägliche Gegenstände, Bewegen & Toben, Clown; Fingerspiele; Sandkasten; Kreisspiele: Für Eltern, Erzieher/innen, Lehrer/innen.

Remscheider Spielekartei ***
Bestell-Nr V280
Der Klassiker: Ausdruck & Eindruck; Durchsetzen; Einschätzen; Körperkontakt; Lust & Liebe; Frieden; Umwelt und Natur.

Steiner Spielkartei ***
Bestell-Nr V047
Statt Kiste ein Buch: 159 Spiele auf Karteikarten für Kinder ab 10, Jugendliche und Erwachsene.

5. Die HosenTaschenBücher

Also, nun müssen wir leider doch noch ein paar Bücher erwähnen; leider, weil es Bücher vom AOL-Verlag sind. Erwähnen, weil sie einfach gut und preiswert sind:

88 Fallschirm-Erdball-Spiele
Nr A377
Die schönsten Spiele der Welt im Wasser, zu Land und in der Luft, in Schnee und auf Rollschuhen.

Es fliegt was in der Luft...
Nr A392
Mit Bällen, Tüchern, Teufelsstäben, Diabolo Hier stimmt alles: Die Zeichnungen, die Sprache, der Preis. Unheimlich ansprechend geschrieben. Für Junge und Alte.

99 Luftballonspiele **
Nr A390
Staffeln, Zaubern, Spielketten, Tanz, Bezugsadressen u.v.m.

111 Riesenmikadospiele **
Nr A391
Staffeln, Knobeleien, Mitspiel-Aktionen, Rätsel... mit kleinen oder großen Stäben und Stöcken.

Fußballfieber **
Nr A404
Spannende Fußballspiele mit Papier & Bleistift und mit Köpfchen!

Jonglieren mit 3 Bällen
Nr. A435
Von 0 auf 3 Bälle in 3 Wochen. Ein Jonglierkurs Schritt für Schritt und Ball für Ball.

6. Die Sportkarteien

Fitneß- & Spielkiste **
Nr V010
180 Arbeitskarten A5 mit klaren Zeichnungen für persönliche Fitneß/Basisausbildung in Schule & Verein. Allgemeine & spezielle Konditionsgymnastik einzeln/zu zweit & in Gruppen, mit & ohne Geräte, mit Konditionstests.